당신은
보석같은 존재입니다

당신은 보석 같은 존재입니다

2013년 1월 30일 초판 2쇄 발행

지은이 고형욱
펴낸이 정병석

도서출판 그루터기하우스
서울특별시 강남구 삼성동 26-25호, 2층
Tel 514-0656 | Fax 546-6162
gruturgi21@hanmail.net
등록 2000년 11월 28일 제16-2289호
ISBN 978-89-90942-31-9 03230

2012 ⓒ고형욱

Korean Edition ⓒ 2012
by Gruturgi House Publishing Co., Seoul, Korea

저작권법에 의하여 한국 내에서 보호를 받는 저작물이므로
무단전재와 복제를 금합니다.

> 그 중에 십분의 일이 오히려 남아 있을지라도 이것도 삼키운바 될 것이나 밤나무, 상수리나무가 베임을 당하여도 그 그루터기는 남아 있는 것 같이 거룩한 씨가 이 땅의 그루터기니라(이사야 6:13).

청년의 자신감은 어디서 오는가?

Son of God

당신은 보석 같은 존재입니다

고형욱 지음

믿음 / 도전 / 상처 / 젊음 / 굴욕 / 당당함 / 자신감 / 걱정 / 용기 / 소망 / 희망 / 두려움 / 존귀함 / 미래

내 상황을 기대할 것도 소망할 것도 없는 팍팍한 상황이지만, 하나님은 여전히 꿈꾸라고 하신다. 기대하라고 하신다. 소망이 있다고 하신다.
내 자신에게 질망하고, 낙심하고, 더 이상 일어날 힘도 없지만, 하나님은 내가 너를 믿어 내가 너를 기대해서 시작하자고 하신다.
내 자신이 너무 초라하고 보잘 것 없고, 포기해야 하는데, 하나님은 할 수 있다고, 자신감을 가지라고 내가 너와 함께 한다고 하신다.
내 자신에게 실망하고, 한걸음도 더 나아갈 힘도 없지만, 하나님은 너는 보석 같은 존재라고, 너는 존귀한 존재라고 하신다.
내가 기억하고 싶지도 않고, 받아들이고 싶지 않은 과거를 하나님을 통해서 바라보면, 다시금 돌아볼 수 있는 자신감이 생긴다.
불안함과 두려움, 그리고 염려의 한가운데 서 있는 현재를 하나님을 통해서 바라보면, 바로 지금을 선택할 수 있는 자신감이 생긴다.
한치 앞도 보이지 않고, 어떠한 희망도 없는 미래를 하나님을 통해서 바라보면, 다시금 기대하며 꿈꾸는 자신감이 생긴다.

그루터기하우스

차례

프롤로그_ 자신감을 잃어버린 청년들에게 6

Part 1 과거를 다시 보게 하는 자신감

1 이제 울어도 된다 17

2 아픔은 통로가 된다 33

3 평탄한 인생만이 줄 수 있는 것이 있다 45

4 네 자신에게 다시금 기회를 주라 61

Part 2 현재를 선택하게 하는 자신감

5 눈에 보이는 것이 전부가 아니다 75

6 부족함도 그 자리에 있는 이유이다 91

7 평탄한 삶일수록 기도할 수밖에 없는 자리로 가라 109

8 너를 믿기에 맡기신 것이다 123

9 주어짐을 비전으로 만들어가라 143

Part 3 미래를 기대하게 하는 자신감

10 5년 후, 10년 후가 멋지면 된다 *161*

11 승리를 경험하라 *177*

12 가능성을 선택하라 *191*

에필로그_ 당신은 보석 같은 존재입니다 *205*

프롤로그
자신감을 잃어버린 청년들에게

'힐링'의 시대

지금 시대의 키워드는 '힐링 healing'이다. 모든 세대가 아파하며, 힘들어하지만, 특별히 삶의 방향을 찾아가는 청년세대들에게는 더욱 그렇다. 젊은이들이 꿈을 꾸고, 미래를 기대하며 도전하는 것이 힘든 시대적 상황임을 반영하는 것이다. 꿈을 꿀 수도 없는, 미래를 기대할 수도 없는, 자신감을 상실한 시대임을 보여주는 것이다.

도미니크 모이시가 쓴 《감정의 지정학》이라는 책에서는 자신감에 대한 중요한 통찰을 제시한다. 저자는 국가와 사람이 직면한 도전과제를 해결하고, 서로 관계를 맺는 방식을 세 가지 주요감정, 즉 두려움, 희망, 그리고 굴욕에 초점을 맞추어

설명한다. 그런데 결정적 요인이 바로 '자신감'이다. 다시 말해 두려움은 '자신감의 부족'이며, 희망은 '자신감의 표현'이며, 굴욕은 미래에 대한 희망을 잃어버린 사람들의 '상처받은 자신감'이라고 설명한다.

지금의 젊은 세대들이 잃어버린 것이 있다면 자신감이 아니겠는가! 젊음의 때에 있어야 할 열정과 당당함이 사라져 버리고, 현실에서 안주하며 살아가려 한다. 그러기에 희망을 잃어버리고, 두려움, 불안, 그리고 미래를 포기하며 굴욕의 삶을 살아가고 있다. 자신감을 잃어버린 것이고 놓아 버린 것이다. 그것은 바로 자기 자신에 대한 기대함을 놓아버린 것이며, 자신의 미래에 대한 희망을 잃어버린 것이다.

지난 과거에 아픔에 매여, 한발자국도 나아가지 못하며, 울고 있는 그대들!
나에게 주어진 상황과 환경 앞에서, 무기력하게 끌려가고 있는 그대들!
새로운 것을 향하여 도전하지 못하며, 시도조차 하지 못하고 있는 그대들!

멋진 미래의 시간 앞에서 두려움에 매여 기대함 없이 살아가고 있는 그대들!

많은 축복을 누리면서도, 부족함만을 바라보며 살아가고 있는 그대들!

이것이 지금 청년세대 그대들의 모습이 아니겠는가?

나는 나야

그런데 이러한 시대적 흐름을 비웃듯 30대 중반의 아저씨, 잘 생기지도 않았고, 근육질도 없는 쌍둥이 아빠가 전 세계를 흔들고 있다. 바로 '강남스타일'의 싸이이다. 미국 메이저 음악계를 노크한 한국 연예인들은 많았지만, 싸이는 미국 문을 두드리지도 않았지만 그들이 와 달라고 아우성이다. 왜 일까? 문화평론가들은 싸이의 성공비결을 여러 가지로 꼽는다. 재미있고 신나는 음악과 춤, 그리고 유투브라는 새로운 매체의 힘, 그리고 미국에 가자마자 'Dress classy, Dance cheesy(옷은 제대로, 춤은 멋대로)'라는 유행어를 만들어 낸 그의 영어실력도 한몫 했다고 한다. 그러나 중요한 것은 바로 자신만의 음악을 개척해온 뮤지션이라는 점을 들고 있다. '강남스타일'에 가려졌지만 '청개구리'라는 노래를 보면 그의 마음이 잘 드러난다.

나 아주 어렸을 때부터 남 얘기가 안 들려
어려서 그랬을까 하지만 지금도 잘 안 들려
살면서 가장 많이 들었던 말 너 그러다 뭐 될래
살면서 가장 많이 하고픈 말 내가 알아서 할게

맞다고 생각해도 누가 해라 하면 안 들어
아니라고 생각해도 누가 맞다 하면 막 우겨
살면서 가장 많이 들었던 말 너 걱정돼서 그래
살면서 가장 많이 하고픈 말 제발 네 걱정이나 해

Let's Go
개굴개굴개구리가 고래고래고래 소리친다
청 개굴개굴개구리 두 마리가 노래 불러 숨막힌다

꼭 하지 말라는 짓 넌 어쩜 그리 골라하는지

무관심에 상심이 컸던 아이? 날 아는지

넌 몰라 네 생각 따원 whateva 난 내 맘대로 해

난 돌아이 남 시선 따원 누가 뭐라던 내 방식대로 Ay!

두고봐 끝에 가 누가 잘되나 봐 부끄러워 부러워할 걸

날 좋아할 걸

그래 나 청개구리 그 누가 제 아무리 뭐라 해도 나는 나야

우물 안의 개구리라도 나 행복하니 그래 그게 바로 나야

그래 그게 바로 나야

틀린 게 아니야 다른 것뿐이야

문제라면 문제아

 한국의 유능한 음악기획자들은 연예인이 되고 싶어하는 10대들을 훈련시켜 가수로 데뷔시킨 뒤, 연기력과 말솜씨가 되면, 가수로서 인기가 떨어지면 바로 다른 분야로 내보낸다. 그래서 한국에는 소위 '만능 엔터테이너'가 많은 이유이다. 그러나 싸이는 자신만의 음악세계를 만들어갔고, 그의 노래를

들으면서 느껴지는 것은 바로 그의 자신감과 당당함이다. 바로 이것이 전세계를 빠져들게 한 그의 매력이며, 최고의 실력일 것이다. 자기 자신을 상품이 아닌 작품으로 만들어가는 그의 노력과 열정!

그런데 어디서 이런 자신감과 당당함이 나오는 것일까? 자신감은 믿을만한 대상이 있을 때 주어진다. 내 자신이 믿을만하든가, 아니면 믿을만한 그 무엇인가가 있을 때, 자신감이 생긴다. 그런데 우리는 스스로를 너무 잘 안다. 나의 실력과 능력, 그리고 외적인 조건으로 자신감을 갖지만, 그것이 그리 오래가지 않음을 안다. 자신감과 당당함보다는 열등감과 부족함, 그리고 초라함에 아파할 때가 더 많은 것이 우리의 모습이다.

신앙은 용기이다

그러기에 지금의 시대에는 더욱 신앙과 믿음이 필요하다. 신앙은 '용기'이다. 내 현실과 상황은 그렇지 않을지라도, 하나님께서 말씀하신 것을 '내가 믿고 받아들이는 용기'가 필요하다. 현실에 매여 있고, 상황에 매여 있고, 자기 자신에 매여 있는 틀을 뛰어넘게 하는 것이 바로 신앙이기 때문이다.

내 상황은 기대할 것도 소망할 것도 없는 폐허가 된 상황이지만, 하나님은 여전히 꿈꾸라고 하신다. 기대하라고 하신다. 소망이 있다고 하신다!

내 자신에게 절망하고, 낙심하고, 더 이상 일어날 힘도 없지만, 하나님은 내가 너를 믿어! 내가 너를 기대해! 다시 시작하자고 하신다!

내 자신이 너무 초라하고 보잘 것 없고, 무기력해 있는데, 하나님은 할 수 있다고, 자신감을 가지라고! 내가 너와 함께 한다고 하신다!

내 자신에게 실망하고 한걸음도 더 나아갈 힘도 없지만 하나님은 너는 보석 같은 존재라고, 너는 존귀한 존재라고 하신다!

신앙은 바로 하나님의 이 말씀을 믿고, 받아들이는 용기이다. 바로 그 말씀을 내가 받아들일 때, 비로소 진정한 자신감이 우리에게 주어진다.

하나님을 통해서 바라보면

우리의 믿음의 대상인 하나님을 통해서 바라보며, 말씀을 붙들 때, 내 삶에 자신감이 생긴다. 그토록 피하고 싶었던 과거의 시간도, 절망하고 있는 지금의 시간도, 그리고 앞으로 펼쳐질 미래의 시간도, 변하지 않는 자신감과 당당함으로 맞이할 수 있다.

바로 성령께서 우리를 그렇게 만들어가신다.

내가 기억하고 싶지도 않고, 받아들이고 싶지 않는 과거를
하나님을 통해서 바라보면, 다시금 돌아볼 수 있는 자신감이 생긴다.
불안함과 두려움, 그리고 염려의 한가운데 서 있는 현재를
하나님을 통해서 바라보면, 바로 지금을 선택할 수 있는 자신감이 생긴다.
한치 앞도 보이지 않고, 어떠한 희망도 없는 미래를
하나님을 통해서 바라보면, 다시금 기대하며 꿈꾸는 자신감이 생긴다.

사랑하는 청년들이여!

낙심되고, 무너지고, 절망가운데 있을 때, 하나님을 바라보라. 그분을 붙들라!

그 하나님을 어떤 분이신지 다시금 기억하며, 그분 앞에 나아오라. 그럴 때 세상이 줄 수 없는 당당함과 자신감이 주어질 것이다.

잊지마라! 자신감은 믿음에 관한 문제이기에, 다른 그 무엇에서 나오지 않는다. 바로 하나님을 믿을 때, 우리에게 주어지는 축복의 선물이다.

하나님을 믿는다는 것! 그것처럼 멋진 것은 없다! 그처럼 내 자신을 당당하게 만들어주는 것도 없다! 그것을 그대들의 삶에서 경험하게 되기를 바란다!

하나님은 살아계신다! 그리고 그대들의 힘이 되신다!

하나님께서 그대를 향해 외치신다! '화이팅!'

Part 1

과거를 다시 보게 하는 자신감

:

인간이라는 존재는 결국 '신'이 아닌 '존재'이다. 인간이 찢어진 자아를 받아들이고, 또한 찢어진 감정을 느끼는 것도 '잘못됨'일이 아니라는 사실을 인정할 때에야, 무엇이든 자신에게 가능한 치유를 바라게 되고, 따라서 최대한 온전해지게 된다.

_《불완전함의 영성》, 어니스트 커츠 & 캐서린 케첨

1
이제 울어도 된다

1 요셉이 시종하는 자들 앞에서 그 정을 억제하지 못하여 소리 질러 모든 사람을 자기에게서 물러가라 하고 그 형제들에게 자기를 알리니 그때에 그와 함께 한 다른 사람이 없었더라 2 요셉이 큰 소리로 우니 애굽 사람에게 들리며 바로의 궁중에 들리더라 _창세기 45:1-2

울어도 달라지지 않기에

예전에 봤던 SBS드라마 중에 엄정화, 오지호씨가 나오는 '칼잡이 오수정'이라는 드라마가 있었다. 오수정의 캐릭터는 마치 세상의 돈과 명예를 쥐려는 속물의 캐릭터로 나오지만, 억척스럽게 열심히 살아가며, 아무리 힘들어도 울지 않았다. 사람이 좋아 늘 사고만 치고 다니는 무능한 아버지, 집을 나간 후 자유로운 생활을 해오다 빚만 지고 집으로 들어온 뻔뻔스러운 엄마, 뻔뻔스러운 엄마는 오랜만에 집에 들어와 사채 빚을 고스란히 딸 오수정에게 넘기자, 참담한 마음에 홀로 골목에 기대어 울음을 터트리는 장면이 나온다. 절망적인 상황 속에 울지만 눈물을 흘리지 않고 이렇게 말한다.

"나는 왜 눈물이 안 나냐고! 이러니까 남들이 나를 보고 피도 눈물도 없는 계집애라고 하지… 이렇게 슬픈데 눈물이 왜 안 나냐고!" 그러면서 마지막 이런 대사를 한다. "고 2때 엄마가 집을 나갔던 날, 가지 말라고, 가지 말라고… 탈진해서 실려 갈 정도로 울었지만 끝내 엄마는 돌아오지 않았어! 그때 알았어… 울어도… 마음대로 되지 않는다는거… 그 이후로 울지 않기로 했어!!"

드라마에서 오수정은 어떠한 고난과 어려움이 생기더라도 결코 울지 않는 이유는, 울어도 변하지 않는 것을 알았기 때문이다. 그래서 어떠한 어려움이 있어도 울지 않고, 이겨내고, 더 완벽한 모습으로 살아가려고 하는 것이다.

우리 안에 간직한 아픔과 슬픈 기억

프랑수아 클루제와 오마르 사이가 주연한 《언터처블, 1%의 우정》이라는 영화에 보면, 모든 것을 가졌지만 불의의 사고로 24시간 내내 돌봐주는 손길이 없으면 아무 것도 할 수 없는 백만장자 필립이 나온다. 그는 자신의 내면의 상처와 아픔을 드러내지 않으려고 다른 이들에게 더 강하게, 못되게 행동한다. 그리고 사랑하는 아내와 가족을 볼 수 없다는 절망이 그를 더 폐쇄적으로 만들어간다.

우리 모두에게는 자신만의 아픔과 눈물이 있다. 믿음으로 살아가는 우리 안에도 오랜 세월 눌러 놓은 아픔과 슬픈 기억들이 있다. 한 번 드러내면 자신이 감당할 수 없기에, 더 꾹꾹 숨겨놓고, 드러나지 않도록 더 조심하고, 다른 이들에게는 더 완벽한 모습만을 보이려고 하고, 그 누구도 접근하지 못하도록 '접근금지!' 라고 외치고 있는 우리의 모습이 있다. 아픈 부분이 건드려질 때마다 더 분노하고 혹 때로는 괜찮은 척, 아무 일 없는 척, 잘 사는 척 하는 우리의 모습이 있다.

요셉을 다르게 바라보기

요셉이라고 하면 꿈의 사람이고, 비전의 사람이고, 거룩함을 잃지 않고 살아온 인물이다. 너무나 완벽해서 도저히 흠을 잡을 수 없는 인물로 우리는 기억한다. 형제들에게 왕따 당하고, 배신당하여 외국 땅으로 팔려가고, 이방인으로 외국에서 종노릇하며 살고, 열심히 충성했지만, 억울하게 감옥에 들어가고… 좋은 일은 다했지만 결국 잊혀지고 만다. 하지만 하나님께서 이집트의 총리로 세워주신다.

그런데 요셉의 삶을 다르게 바라보자. 요셉의 인생은 너무나 완벽하고, 빈틈이 없다. 성경에는 요셉이 울어야 할 때, 울었다고 기록되어 있지 않고, 기쁠 때 기뻐했다고 말하지 않는다. 억울한 상황인데도 억울하다고 이야기하지 않는다. 어쩌면 너무나 완벽하고, 너무나 철두철미하게 냉정한 요셉의 모습이다. 17살 요셉에게 일어난 일인데 너무나 조숙하게 반응한다. 감정이 사라진 사람 같아 보인다.

'오수정'에 나오는 인물처럼, 형들이 요셉을 구덩이에 빠뜨

릴 때, 이집트 상인들에게 팔아넘길 때, 요셉이 얼마나 울면서 매달렸겠는가? 이집트에서 다시 요셉을 만난 형들은 서로 이렇게 이야기한다.

> 그들이 서로 말하되 우리가 아우의 일로 말미암아 범죄 하였도다. 그가 우리에게 애걸할 때에 그 마음의 괴로움을 보고도 듣지 아니하였으므로 이 괴로움이 우리에게 임하도다 _창 42:21

요셉이 그 상황에서 애걸하면서 울었다는 거다. 살려달라고 몸부림을 쳤음을 보여준다. 그러나 변하지 않는 상황들… 어쩌면 요셉도 '오수정'과 마찬가지 아니었을까? 자신의 인생에서 자신의 뜻대로 되는 것은 하나도 없고, 늘 당하기만 하고, 억울하게 살아왔던 인생! 하나님을 붙잡고 매달렸지만 늘 고난을 겪었던 요셉! 자신의 감정을 들어내는 것보다는 살아남는 것이 먼저였기에, 더 철저하고 완벽함으로 살아갔을지도 모른다. 자신의 감정이 들킬까봐, 다른 사람이 오지 못하게 철조망을 칭칭 쳐놓고, 더 숨어서 지냈던 것은 아니었을까?

믿음의 사람 Vs 상처의 사람

요셉은 분명 믿음의 사람이다. 요셉은 고난과 결정적인 순간에 하나님을 기억한다. 보디발의 아내가 유혹을 할 때도 "내가 어떻게 하나님께 죄를 짓겠냐!" 하고 선포하던 사람이 바로 요셉이었다. 바로 왕 앞에서 자신이 높아질 수 있음에도 하나님의 이름을 높이며, 하나님의 은혜를 기억할 줄 알고, 하나님께 모든 것이 있음을 고백하던 믿음의 사람이다.

요셉은 믿음의 사람인 동시에 상처의 사람이다. 자신의 상처를 가슴에 싸매고, 그것에 매몰되지 않으려고 치열하게 살아갔던 인물이 바로 요셉이다. 믿음이 좋다고 상처가 없는 것이 아니다. 더 아프다. 더 속상하다. 예수님을 믿지 않으면, 그냥 아파하면 되지만, 오히려 하나님이 계시기에 더 아프고, 더 고민스럽고, 더 힘들다. 아니 하나님 때문에 고난과 어려움 앞에서 더 복잡할 때가 많다.

잊지말자! 믿음과 상처는 함께 갈 수 있다. 믿음의 사람이라고 상처가 없는 것이 아니다. 상처가 있다고 그에게 믿음이 없는 것은 아니다. 다만 그 상처를 가슴에 안고, 믿음으로 이겨 내려는 치열함으로 살아가고 있을 뿐이다.

고난에 굴복하지 마라

요셉이 총리가 된 후에 결혼해서 2명의 아들 므낫세와 에브라임을 낳았다. 17세에 팔려서 30살 넘어 처음 난 아들의 이름 '므낫세'. 그 이름의 뜻은 '내 아버지의 온 집안일을 잊어버리게 하셨다' 이다.

무슨 의미인가? 요셉은 그 고난과 아픔의 시간을 이겨내려고 13년이 넘는 시간을 치열하게 살았다는 것이다. 자기가 겪었던 그 아픔과 어둠에 갇히지 않으려고 발버둥을 쳤다는 것이다. 형들에게 당한 사건이 어찌 마음에 상처가 되지 않았겠는가? 그것에 붙들리고, 매몰되지 않으려고 얼마나 치열한 싸움을 벌였겠는가? 그 치열함이 요셉의 첫 번째 아들 므낫세의 이름을 통해서 나타나는 것이다.

고난 이후에 중요한 것은 그 고난에 내 자신이 매몰되지 않는 것이다. 그 감정과 그 기억에 파묻혀서 내 인생을 낭비하며 빼앗기지 마라. 더 이상 내 삶을 슬픔에 매여 있지 않게 하라. 더 이상 내 삶을 고난의 기억에 붙들려 있지 않게 하라. 그것에 뒤덮이지 않기 위해 치열한 싸움을 해야 한다. 비록 그 아픔과 고난의 기억이 완전히 회복되지 않을지라도, 그것에 내 자신이, 내 인생이 굴복되지 않게 해야 한다.

나에게는 절박함이었다

신문에 '한국의 스티비 원더'로 불리는 전제덕씨가 예술의전당 무대에서 60인조 오케스트라와 함께 공연을 한 후에 인터뷰가 기사가 났다.

―성공한 장애인들 이야기를 들으면 "그것은 장애가 아니다. 단지…"
"단지 불편할 뿐이다, 그거죠? 저는 그거 모두 개소리라고 생각해요. 불편한 건 불편한 거고, 어려운 건 어려운 거예요.

장애를 극복한다고 하는데, 극복이란 단어도 싫어요. 뭘 극복해요? 장애를 어떻게 이겨내? 장애는 불편한 거고 극복이 안 되는 거예요. 그걸 인정해야죠. 제가 제일 싫어하는 말이, 사람들이 제 손을 꼭 잡으면서 '아이고, 눈이 안 보이는 게 오히려 낫지. 세상에 얼마나 지저분한 꼴이 많은 줄 아느냐' 이렇게 말하는데, 젠장, '당신이 지금 당장 눈이 멀어 보시오. 그러면 지저분한 꼴 타령할 것 같아?' 이렇게 쏘아붙이고 싶어요. 마음의 눈인 영안靈眼을 떠라? 웃기는 소리예요. 두 눈 다 보이는 사람들이 눈먼 놈한테 영안 어쩌고가 할 소리냐고요. 연주가 좋았으면 '연주 잘 들었다' 하면 되는 거예요."

─그럼 '장애를 극복했다'는 이야기가 왜 나옵니까.

"의도적으로 그렇게 말하는 사람도 있을 거고, 기자들이 그렇게 포장하기도 하겠지요. 장애인이라고 하면 신문·방송에서 전부 성자聖者처럼, 헬렌 켈러처럼 만드는 게 못마땅해요. 특히 보수적인 언론들이 더 심해요. '더러운 세상 안 보니 좋겠다'는 말은, 장애를 완전히 대상화하고 타자화他者化하는 거죠. 장애인들에겐 아주 모욕적인 말이에요. 나는 장애를 극복한 게 아니라 절박함으로 음악을 시작했습니다. 음악을 하지 않으면 할 수 있는 일이 없다는 절박함이 내게 있었어요."

―그렇게 살 수 있었던 원동력은 무엇입니까.
"내가 앞을 볼 수 없기 때문에 더 악착같았다는 생각을 해요. 경우의 수가 많으면 생각도 많아지잖아요. 내 인생은 '이것 아니면 안 돼'라는 생각뿐이었어요. 나는 음악과 나의 장애를 바꾸지 않았어요. 내 장애는 장애이고, 음악은 음악대로 최고가 되고 싶었죠. 그렇게 하지 않으면 아무것도 할 수 없다는 절박하고도 합당한 이유가, 나를 오늘까지 끌고 왔어요."

자신의 장애를 극복할 수 없는 것이 현실이기에, 그것에 매몰되지 않으려는 치열함이 그에게 있었음을 보여준다. 그리고 그 치열함이 바로 지금의 자기 자신을 만들어주었다고 고백하는 것이다.

은혜의 상처

대기업에서 탁월한 기획력으로 승승장구 하는 형제가 이런 이야기를 한 적이 있다. 어릴 때 아버지가 사업이 망해서 빚쟁이들이 몰려와 부모님을 괴롭히고, 집에 사람들이 들어와 빨간딱지를 붙일 때, 그리고 이후 철저하게 가난함을 경험하며 살 때 한 가지 결심을 했다고… 이런 수모는 다시 겪지 않겠다고!! 그래서 악착같이 지금까지 왔다고 했다. 포기하고 싶고, 죽고 싶을 때 많았지만, 그 수모와 눈물을 기억하며 지금까지 버텨왔노라고 이야기한다. 그 아픔마저 없었으면 죽어버렸을 상황, 포기해버렸을 그 상황에서 그 아픔을 이겨내고 살려고 악을 쓰고, 기를 쓰면서 지금까지 왔다고 한다.

그러면서 마지막에 이렇게 말했다. "그 이유마저 없었으면 저는 아마도 이 땅에 없었을 거예요. 기억하고 싶지 않은 아픔이고, 상처지만… 돌아보면 그 아픔 때문에, 그 상처 때문에 제가 이렇게 살아 있네요."

릭 워렌 목사님은 《목적이 이끄는 삶》에서 인간의 삶을 이끌어가는 5가지 원동력을 이야기한다. 죄의식에 끌려 다니고,

원한과 분노의 쓴 뿌리를 씹으며 살아가고, 두려움에 이끌려 살아가고, 물질에 이끌려 살아가고, 다른 사람들의 인정을 받기 위해 살아간다고 말한다.

우리 인생에서 신앙도 믿음도 나에게 삶의 이유를 주지 못할 때가 있다. 그러기에 다른 것들이 내 인생의 원동력이 되기도 한다. 죄의식으로 살아가고, 원한과 분노에 매여 살아가고, 두려움으로 살아가고, 물질에 이끌려 살아가고, 다른 이들의 인정을 받으려고 몸부림치고, 다른 그 무엇으로 살아가게 되기도 한다. 그것 하나를 붙들고 지금까지 살아온 것이다.

그런데 그 아픔과 눈물과 상처를 붙들고 억지로 버텨내며, 내가 이렇게까지 견딜 수 있었다면, 내가 지금 이 자리에 살아 숨을 쉬고 있다면 어쩌면 그 상처가, 그 아픔이 나에게는 '또 다른 모습의 은혜'가 아니었을까? '또 다른 모습의 축복의 모습'이 아니었을까? 인정하고 싶지 않고, 받아들이고 싶지 않지만, 그대를 살리기 위한 하나님이 주신 '또 다른 은혜의 상처'가 아니었을까?

이제는 울어도 된다

 분명한 것은 그 아픔으로, 그 눈물로, 그 사건으로 지금 이렇게 살아있다는 것이며, 내가 호흡하고 있다는 것이다. 내가 이렇게 존재할 수 있다는 거다. 그렇다면 바로 지금이 나에게 다시금 주어진 새로운 기회의 순간이 아닐까? 나의 아픔과 눈물과 절망을 넘어서는 하나님이 주신 기회의 시간이 아닐까?

 요셉은 형들을 만나고도 한동안 자신의 감정을 드러내지 않는다. 비로소 베냐민을 보고나서 창 43:31, 그리고 형들에게 동생을 향한 사랑과 마음이 있음을 확인한 후, 자신을 드러내며, 애굽과 궁궐의 모든 사람이 들을 정도로 대성통곡을 했다.

> 요셉이 시종하는 자들 앞에서 그 정을 억제하지 못하여 소리 질러 모든 사람을 자기에게서 물러가라 하고 그 형제들에게는 자기를 알리니 그 때에 그와 함께 한 다른 사람이 없었더라. 요셉이 큰 소리로 우니 애굽 사람에게 들리며 바로의 궁중에 들리더라 _창 45:1-2

 비로소 그의 닫힌 마음이 열린 것이다. 혼자 아픔 가운데 매여 살던 인생이 아니라, 마음 문을 열고, 대성통곡하며 울어도 되는 삶으로 바뀌어가기 시작한 것이다. 살아남아야하고, 자신을 지키기 위해서는 그 누구에게도 자신의 마음을 드러내지 않았던 요셉이, 그의 경계와 그의 마음을 모두 내려놓은 것이다. 그 이후에 비로소 요셉의 감정을 드러내는 표현들이 창세기에 기록된다.

사랑하는 청년들이여!

지금까지 그 아픔과 눈물을 가슴에 품고 나를 지켜 내느라 수고했다. 그 누구에게 말도 하지 못하고, 혼자 버텨내며, 눈물 흘리며 보낸 시간가운데 포기하지 않고 지금까지 오느라 너무 애쓰고 수고했다. 그 절망에 매몰되지 않으려고 치열하게 살아오느라 애썼다.

그런데 이제 지금까지 네가 붙들고 온 것들을 모두 내려놓으라!

네 안의 원망과 저주와 분노와 너를 지켜줄 수 있을 것이라고 생각한 것들에 더 이상 매여 있지 말자! 그리고 이제 하나님 앞에서 울어보자.

네 힘으로, 어렵게 너를 지키며 살아온 것들을 하나님 앞에 내려놓고 마음껏 울어보자. 요셉이 형들을 만나고 온 궁중이 들리도록 울었던 것처럼 하나님의 품에 안겨 울어보자. 그리고 하나님의 음성을 들어보자!

"평안해라. 이제 안전하다. 내가 너를 지키고 인도하고 붙들리라"

이제 당당하게 은혜의 삶을 시작하자. 이제 자신감을 가지고 기쁨의 삶을 시작하자. 이제는 마음껏 울어도 된다… 요셉처럼….

- 완벽함은 숨겨진 나의 상처일 수도 있다.
- 너를 지금까지 붙들고 있던 원망과 저주와 분노를 내려놓으라.
- 이제 마음껏 울고 당당히 하나님이 주신 은혜의 삶을 시작하자!

2
아픔은 통로가 된다

8 보아스가 룻에게 이르되 내 딸아 들으라 이삭을 주우러 다른 밭으로 가지 말며 여기서 떠나지 말고 나의 소녀들과 함께 있으라 9 그들이 베는 밭을 보고 그들을 따르라 내가 그 소년들에게 명령하여 너를 건드리지 말라 하였느니라 목이 마르거든 그릇에 가서 소년들이 길어 온 것을 마실지니라 하는지라 10 룻이 엎드려 얼굴을 땅에 대고 절하며 그에게 이르되 나는 이방 여인이거늘 당신이 어찌하여 내게 은혜를 베푸시며 나를 돌보시나이까 하니 11 보아스가 그에게 대답하여 이르되 네 남편이 죽은 후로 네가 시어머니에게 행한 모든 것과 네 부모와 고국을 떠나 전에 알지 못하던 백성에게로 온 일이 내게 분명히 알려졌느니라 12 여호와께서 네가 행한 일에 보답하시기를 원하며 이스라엘의 하나님 여호와께서 그의 날개 아래에 보호를 받으러 온 네게 온전한 상 주시기를 원하노라 하는지라 13 룻이 이르되 내 주여 내가 당신께 은혜 입기를 원하나이다 나는 당신의 하녀 중의 하나와도 같지 못하오나 당신이 이 하녀를 위로하시고 마음을 기쁘게 하는 말씀을 하셨나이다 하니라 _룻기 2:8-13

현재는 과거를 통해서 만들어진다

청년의 때를 보내면서 지난 시간을 지워버리고 싶은 때가 있다. 아니 내 인생을 리셋하고, 다시 시작하고 싶을 때가 있다. 특히 나의 잘못이 아닌 부모나 다른 그 무엇으로 내 인생이 이렇게 망가졌다면, 그것을 향한 한없는 원망을 할 때도 있다. 새로운 도전을 할 때마다, 새로운 시작을 할 때마다, 나를 무너지게 하고, 좌절하게 하고, 주저하게 만드는 내 지난 과거가 너무 싫은 것이다.

그러나 분명한 것은 현재는 과거 없이 만들어질 수 없다. 과거의 하루하루가 쌓여서 현재의 나를 만들었고, 현재의 하루하루가 쌓여서 바로 나의 미래가 될 것은 당연한 사실이다. 그러면 어떻게 해야 하는가? 언제까지 아파하며, 그 지난 과거에 매여서, 원망하며 살아가야하는가? 내가 바꿀 수도 없는 과거를 어떻게 바라봐야하는가? 어떻게 이해해야하는가?

현재는 과거를 가슴에 품고 살아간다

엄태웅, 한가인 주연의 《건축학 개론》이라는 영화가 인기를 끌었다. 건축학도였던 이용주 감독은 '사랑과 건축은 비슷한

점이 많다' 라는 콘셉트로 영화를 만들었고 흥행에 성공했다. 영화 속에서 서연(한가인)이 살던 제주도 집을 재건축하기 위해 승민(엄태웅)과 함께 살펴보는 장면이 나온다. 그 집 기둥에는 어릴 때 서연의 키를 재어둔 여러 줄의 눈금표시, 수돗가 시멘트 바닥에는 조그맣던 서연의 발자국이 그대로 남아있다. 사랑과 건축은 지난 시간의 모든 것, 하나하나가 쌓여져서 완성되어져 가는 것임을 말해주는 것이다.

비록 그것이 아픔이고, 눈물이고, 이별일지라도, 이 모든 것을 가슴에 품고, 바로 오늘을 살아가는 것임을 보여준다. 현재를 살아가며 과거를 부정할 수 없다. 다만 가슴으로 껴안고, 오늘 하루를 살아가는 것이다.

보아스의 아픔과 눈물

혼란하고, 아무런 소망이 없는 시대에 보석 같은 존재가 바로 '보아스'이다. 하나님을 알지 못하는 시대삿 2:10, 자기 소견에 옳은 대로 행하는 시대삿 21:25에 보아스는 하나님의 말씀을 중심으로 살았고, 룻을 아내로 맞이할 때도 절차 하나하나를 지키는 사람이었다. 그런데 자신의 재산이 손해가 되는 줄 알고, 또한 이방 여인 룻을 아내로 맞이할 수 있었다는 것이 그렇게 쉽게 이해되지 않는다. 어떻게 그랬을까? 보아스의 삶을 돌아보면 약간의 힌트를 얻을 수 있다.

> 살몬은 라합에게서 보아스를 낳고, 보아스는 룻에게서 오벳을 낳고, 오벳은 이새를 낳고, 이새는 다윗 왕을 낳으니라 _마 1:5-6상

보아스의 엄마가 누구인가? 라합이다. 이스라엘 백성이 가나안 땅에 들어가서 여리고 성을 점령할 때, 도움을 주었던 이방여인이자 기생이 바로 라합이다. 이 여인이 바로 보아스의 어머니였다.

그렇다면 보아스가 어떻게 살아갔을지 예상되지 않는가? 이방인을 철저하게 차별하는 이스라엘에서 이방여인의 아들로 살아간다는 것, 그것도 창녀의 아들로 살아간다는 것! 그것은 분명 쉽지 않았을 것이다. 잘못되고, 삐뚤어지고, 무너질 수 있는 수많은 이유들을 갖고 있었다. 자신 때문도 아니고,

어머니로 인해서 겪게 되는 많은 어려움들. 어쩌면 보아스는 어머니에 대해 원망했을지도 모른다. 보아스가 살아가면서 어떠한 마음의 상처를 갖고 살아갔을지 짐작이 된다.

그런 보아스가 룻이라는 여인을 만났다. 만나보니 룻이라는 여인의 상황이 자신의 어머니 라합과 너무나 유사하다. 이방 여인이며, 사람들에게 버려진 여인! 다른 이들은 관심도 갖지 않는 여인의 상황이지만, 보아스에게는 너무나 익숙한 상황이다. 그토록 자신이 아파하며, 힘들어했던 그 이유… 바로 그 이유와 너무나 똑같은 상황이다. 혹시 바로 그것이 룻을 받아들일 수 있는 이유가 되지 않았을까?

아픔은 통로가 된다

어니스크 커츠와 캐서린 케첩의 《불완전함의 영성》이라는 책에서는 '신은 상처를 통과해 온다'라고 말한다. 다시 말하면 보아스가 가졌던 아픔은 바로 룻을 받아들이는 통로가 된다. 바로 우리의 깨어짐, 상처, 아픔이 바로 하나님을 만나는 통로이며, 다른 이들과 만나는 통로가 될 수 있다는 것이다. 그것을 깨닫게 될 때, 나의 아픔과 깨어짐에 대해 다른 시각을 가질 수 있게 된다.

유명한 감독이며 제작자인 스티븐 스필버그의 어릴 적 별명은 '스필벌레Spielbug'였다. 당시 학교에서 스필버그는 물 마시는 음수대에 얼굴이 처박히기도 하고, 체육시간에는 얼굴이 피투성이가 되기도 했다. 하지만 스필버그는 성인이 되었을 때, 과거의 아픈 경험을 다른 사람들의 마음을 헤아리는데 적극적으로 활용했다. 그가 탁월한 제작자라는 것은 과거의 상처를 타인에 대한 공감으로 전환할 수 있었기 때문이라는 것이다.

그토록 나를 힘들게 했던 절망과 패배감의 경험이 다른 이들과 만나게 되면, 그것은 상대의 마음을 만지며, 살리는 이유가 될 수도 있다.

현재란 시간을 승리로 붙잡으라

 고난과 고통이 심해지면 시야가 좁아진다. 주위를 돌아 볼 수 있는 눈도, 여유도 없다. 현재를 바라보지도, 미래를 기대하지도 못하게 한다. 나만이 그 고난과 어려움을 겪고 있다고 생각하며, 아무도 내 자신을 이해하지 못하고, 나의 눈물을 모른다고 말한다. 아무리 많은 시간이 흘러도, 그 아픔의 웅덩이에 홀로 매몰되어 버린다.

 그 말이 맞다! 그 누구도 나의 아픔과 눈물을 이해할 수 없다. 그 상황과 아픔의 깊이조차 헤아릴 수 없다. 그리고 그 누구도 대신해줄 수 없다. 또한 분명한 것은 그 아픔 역시 바꿀 수 없는 과거의 사실이다. 달라지지 않는다.

 그런데 언제까지 그렇게 살아갈 것인가? 언제까지 바꿀 수 없는 과거를 탓하며 시간을 낭비하려 하는가? 언제까지 현재에서 과거를 살아가려 하는가?

공진수 목사님의 《한 사람의 힘》이라는 책에서는 이렇게 말한다.

> '현재'란 시간을 '승리'로 붙잡고 있으면, 과거의 모든 고통과 치욕스런 슬픔마저도 아름답게 승화된다. 눈물 나는 체험과 가슴 시린 수치와 서러움도 주변 사람들에게 새로운 용기와 희망을 주는 아름다운 삶의 체험수기가 된다. 반대로 '현재'란 시간이 '패배'에 짓눌려 있다면, 과거 그 어떤 성공과 번영과 치적도 수치스런 사건이 된다. 그래서 과거의 성공과 번영, 과거의 실패와 수치와 절망을 평가하는 잣대는 늘 '오늘이라는 현재'이다. 현재가 얼마든지 과거를 바꿀 수 있고, 현재가 충분히 과거를 뒤집어놓을 수 있다.
> 오늘 당신이 어떤 결정과 태도를 갖고 사는가에 따라 당신의 불행했던 과거는 재평가되고 재해석된다. 과거의 사건은 오늘, 지금 당신의 선택과 판단에 의해 언제든지 뒤집어질 수 있다.

과거의 사실은 변하지 않지만, 과거를 향한 해석은 달라질 수 있다. 지금 내가 어떤 태도로 나의 아픔과 눈물을 바라보느냐에 따라, 나의 아픔과 눈물의 탄식의 이유도, 그것을 뛰어넘는 놀라운 의미가 될 수 있다. 현재의 승리는 과거의 실패도 추억이며, 아름다운 기억이 된다. 과거의 아픔이 의미 없는 사건이 아니라, 내 인생의 또 다른 아름다운 의미로 만들어지는 것이다.

과거를 바꾸는 힘

보아스는 모든 순간, 그의 대화 가운데 하나님이라는 분을 인식하고 이야기한다. 어쩌면 그에게 더 큰 아픔이 있었기에, 하나님께 나아갔을지도 모른다. 그의 아픔이 하나님께 나아가게 하며, 그의 눈물이 하나님을 붙들게 한 것이다.

그렇다! 믿음이 과거 그 자체를 바꾸지는 못한다. 하지만 믿음은 과거를 바라보는 다른 시선을 제공한다. 내가 볼 수 없었던 아름다움을 보게 한다.

> 현재의 고난은 장차 우리에게 나타날 영광과 비교할 수 없도다
> _롬 5:18

고난을 이기는 힘은 하나님의 영광을 보는 것이다. 바로 예배하는 것이다. 과거에 붙들리지 않으려면 하나님을 붙들어야 한다. 과거를 매이지 않으려면, 하나님께 매여야 한다. 과거가 나의 아픔이 되게 하지 않으려면 예배해야 한다.

그럴 때, 나의 눈물의 시간 속에서 나의 억울함과 분노가 아니라, 내 삶 가운데 일하고 계시는 하나님을 보게 되며, '상처 입은 치유자'가 될 수 있는 것이다.

지난 과거로 아파하며, 아직까지 눈물 흘리고 있는가? 그것이 나의 아픔인가? 그렇다면 하나님의 영광 앞에 나아가라. 예배의 자리에 나아가라. 그 자리에서 내 삶을 내어드리라. 주님을 예배하며, 바라볼 때, 하나님의 관점을 보여주실 것이다. 그것이 아픔을 넘어 비전이 될 것이다.

아픔을 비전으로 만들어라

몇 년 전에 일본 나가사키지역 기독교성지를 방문한 적이 있었다. 모든 일정을 마치고 돌아오는 길에 유노하라 히로시 목사님이 섬기

시는 인터내셔널 제일교회를 방문했다. 목사님으로부터 일본교회의 현황을 듣고, 함께 기도하는 시간을 가졌다. 마무리하면서 목사님 개인적인 기도제목을 나누어 달라고 부탁드렸다. 목사님은 "인터내셔널 제일교회가 어린아이들로 가득한 교회가 되면 좋겠다."는 바람을 이야기하시고 덧붙여 말씀하셨다. "제 아내가 수술을 해서 아이를 가질 수 없습니다. 그래서 더 그런 소망하는 마음이 있습니다." 목사님의 기도제목을 듣고 함께 방문했던 모든 분들을 눈시울을 적셨다. 내가 가진 아픔과 눈물, 그 상한 마음을 내 마음에 상처로 담고 있는 것이 아니라, 바로 그것을 일본교회의 비전으로 만들어가는 목사님의 모습과 기도를 직접 봤기 때문이다.

고통에는 반드시 숨겨진 메시지가 있다. 하나님을 믿는 우리에게 그 메시지의 결과는 언제나 사랑으로 이어진다. 고통 뒤에 있는 축복을 발견해야 하며, 축복으로 바꿔나가야한다. 그리고 그것은 하나님을 향한 예배에서 시작됨을 잊지마라.

그 아픔으로부터 회복되기 원한다면, 다시 하나님을 예배하기 시작하라! 예배함으로 보여주시는 하나님의 눈길을 따라가 보라!

그리고 깨닫게 될 것이다. 너에게 회복의 능력이 주어졌다는 것을! 상처입은 치유자로 부르심을 받았다는 것을! 그리고 그것이 너의 비전이 될 것임을!

그대의 아픔을 가슴에 품고, 다른 이들을 위해 기도하며, 눈물을 흘릴 때, 어느새 아름답게 다듬어진 보석처럼 축복의 통로로 서 있는 당당한 너 자신을 보게 될 것이다. 바로 보아스처럼…….

- 너의 아픔과 깨어짐은 하나님과 다른 이들을 만나는 통로가 된다.
- 너의 아픔은 하나님의 영광을 볼 때, 예배하게 될 때 회복이 시작된다.
- 너의 아픔이 다른 이들의 눈물과 만날 때 비전이 된다.

//

3

평탄한 인생만이 줄 수 있는 것이 있다

10 이에 여호수아가 그 백성의 관리들에게 명령하여 이르되 11 진중에 두루 다니며 그 백성에게 명령하여 이르기를 양식을 준비하라 사흘 안에 너희가 이 요단을 건너 너희의 하나님 여호와께서 너희에게 주사 차지하게 하시는 땅을 차지하기 위하여 들어갈 것임이니라 하라 12 여호수아가 또 르우벤 지파와 갓 지파와 므낫세 반 지파에게 말하여 이르되 13 여호와의 종 모세가 너희에게 명령하여 이르기를 너희의 하나님 여호와께서 너희에게 안식을 주시며 이 땅을 너희에게 주시리라 하였나니 너희는 그 말을 기억하라 14 너희의 처자와 가축은 모세가 너희에게 준 요단 이쪽 땅에 머무르려니와 너희 모든 용사들은 무장하고 너희의 형제보다 앞서 건너가서 그들을 돕되 15 여호와께서 너희를 안식하게 하신 것 같이 너희의 형제도 안식하며 그들도 너희의 하나님 여호와께서 주시는 그 땅을 차지하기까지 하라 그리고 너희는 너희 소유지 곧 여호와의 종 모세가 너희에게 준 요단 이쪽 해 돋는 곳으로 돌아와서 그것을 차지할지니라 16 그들이 여호수아에게 대답하여 이르되 당신이 우리에게 명령하신 것은 우리가 다 행할 것이요 당신이 우리를 보내시는 곳에는 우리가 가리이다 17 우리는 범사에 모세에게 순종한 것 같이 당신에게 순종하려니와 오직 당신의 하나님 여호와께서 모세와 함께 계시던 것 같이 당신과 함께 계시기를 원하나이다 18 누구든지 당신의 명령을 거역하며 당신의 말씀을 순종하지 아니하는 자는 죽임을 당하리니 오직 강하고 담대하소서

_여호수아 1:10-18

신앙인이 가진 오해

최근 TV 개그콘서트에서 인기를 끌고 있는 프로가 바로 '4가지' 이다. 이 세상의 여자들이 싫어하는 4가지를 가진 4명의 사람들이 나와서 외친다. '왜 세상은 4가지 없는 사람을 싫어하는가?'
첫째는 인기 없는 사람, 두 번째는 촌스러운 사람, 세 번째는 키 작은 사람, 네 번째는 뚱뚱한 사람! 이들은 나와서 세상이 자신들에게 갖고 있는 편견과 오해를 깨뜨리라고 이야기한다.

신앙생활을 하다보면 몇 가지 편견과 오해를 만나게 된다. 그 중에 하나가 바로 '고난에 대한 예찬' 이다. 앞에서 말한 바와 같이 고난은 그것을 겪는 이들에게 새로운 관점을 제시하고, 새로운 소망함을 품게 하기에 의미가 있다. 또한 하나님께서 고난을 통해 아름답게 만들어 가시는 것은 틀림이 없다. 그런데 '고난이 인생의 스승이네' 하며 모든 사람들이 다 고난을 겪어야 하고, 고난을 겪지 않으면, 무엇인가 모르고, 신앙의 깊이가 없는 사람들처럼 생각하는 경향이 있다. 하지만 주위를 돌아보면, 인생은 꼭 그렇지 않다.

고난에 대한 고민

한 형제가 찾아와서 자신의 고민을 이야기했다. 내용은 자신이 너무나 평범하다는 것이다. 다른 사람들의 이야기를 들어보면, 드라마틱한 사건도 많고, 인생 경험도 많고, 고난도 많이 겪었다고 하는데, 자신은 특별한 고난이나 어려움을 겪지 않았기에, 마치 내 자신이 무슨 문제가 있는 건가 생각이 든다는 것이다. 또한 힘들고 어려운 사람들의 이야기를 들어주려고 하면, 솔직히 깊은 공감도 되지 않고, 상대 역시도 '고생하지 않은 네가 뭘 알겠어.' 라고 할 때가 있어 속상하다는 것이다. 그러다보니 내 인생이 제대로 가고 있는 건가 생각이 들 때도 있고, 내가 뭔가 부족하고 모자란 것이 아닌가하는 생각이 든다는 것이다.

그런데 잊지 마라! 평탄한 삶은 축복이며 은혜이다. 남들이 겪어야 할 고난과 어려움을 겪지 않고, 지금까지 올 수 있다는 것은 그 무엇과도 비교할 수 없는 선물과도 같다. 고난이 없다는 것은 상처가 없다는 말이기도 하지만, 동시에 상처를 극복했다는 의미이기도 하다. 내면에 건강함이 있다는 의미이다.

고맙습니다 Vs 미안합니다

　내면이 건강한 사람과 건강하지 못한 사람을 살펴보면, 건강한 사람은 '고맙습니다' 라고 말을 자주하며, 건강하지 못한 사람은 '미안합니다' 라는 말을 많이 한다. '고맙다' 라는 말은 자기 존재의 긍정이 담겨져 있다. 그러기에 다른 이들을 향해서도 긍정적으로 반응한다. 그러나 내면이 건강하지 못한 사람은 '고맙다' 라는 말을 잘하지 못한다. 왜냐하면 자기가 부족해 보이기 때문이다.
　또한 '미안하다' 는 말에는 자기 부정이 깔려 있다. 그러기에 자신이 뭔가 부족하고, 모자란다고 생각한다. 그러기에 어떤 상황에서도 부족한 자신으로 인해서 다른 이들에게 피해를 입힌다고 생각한다. 그래서 '고맙다' 고 말해야하는 상황에서 '미안하다' 고 말을 한다.

건강한 사람만이 줄 수 있는 것

리드 와이그만과 그렉 맥커운이 쓴 《멀티플라이어》 책에서는 '똑같은 사람이 어떤 리더를 만나면 탁월해지고, 어떤 리더를 만나면 무능해지는가?'라는 질문을 던지며, 두 종류의 리더십을 소개하고 있다.

첫째는 멀티플라이어Multiplier를 가진 리더십이다. 멀티플라이라는 말은 사람을 더 훌륭하고 똑똑하게 만드는 리더를 의미하며 이들은 사람들에게서 지성과 능력을 이끌어내는 리더이다.

둘째는 디미니셔Diminisher를 가진 리더십이다. 이 리더십은 함께 하는 사람들의 지성과 능력을 빼앗아가고 말살하게 하는 마이너스 리더십이다.

그러면서 멀티플라이어 다섯가지의 원칙을 이야기한다.
첫째, 뛰어난 인재를 탁월한 인재로 키운다. 멀티플라이어는 누구에게 속한 사람이고, 나를 좋아하느냐, 좋아하지 않느 나의 문제가 아니라 그가 가지고 있는 재능과 능력을 인정한다. 그리고 멀티플라이어와 함께 일을 하면 자신도 모르게 성장하고 성숙해져가고 있기 때문에 사람들이 몰려든다.

둘째, 일터를 쉼터로 만든다. 멀티플라이어는 상대방이 일할 수 있는 의욕과 작업환경을 만들어준다. 이곳에서는 누구나 생각할 자유가 있고 최선을 다해 일할 수 있는 공간과 환경을 만들어주는 것이다. 그래서 멀티플라이어는 해방자처럼 편안하면서도 열정적인 분위기를 만들어준다.

셋째, 변화와 도전을 즐긴다. 멀티플라이어는 상대방에게 기회와 도전을 준다. 그래서 자신이 새로운 도전과 기회를 통하여 그것을 넘어설 수 있도록 많은 기회를 부여한다.

넷째, 스스로 결론을 내리지 않는다. 멀티플라이어는 결정을 내리는 과정을 통해 조직에게 실행을 준비시킨다. 그는 철저한 토론을 통해 결정하도록 한다.

다섯째, 능력을 소유하지 않는다. 멀티플라이어는 조직 전반에 걸쳐 높은 기대감을 심어주고, 또한 자신의 일에 대해서는 자신이 책임지게 한다.

멀티플라이어를 한 마디로 정의하라고 하면 이렇게 정의할 수 있다. "나로 인하여 상대방이 성장하는 것" 이것은 건강한 사람만이 해줄 수 있는 축복이다. 나의 한계를 인정하고, 상대방을 받아들여줄 수 있는 이런 마음은 바로 건강하기에 다른 이들에게 줄 수 있는 축복의 모습이다.

그렇다! 평탄한 인생만이 다른 이들에게 줄 수 있는 것이 있다. 비록 상대의 아픔과 눈물과 상한 마음을 깊이 공감하며 헤아려줄 수 없을지 모르지만, 그 평탄한 삶을 통하여 줄 수 있는 것이 있다. 바로 '건강함' 이다. 평탄한 인생을 살아온 이들의 내면에는 '건강함' 이 있다. 건강하다는 것은 상처받지 않았다는 것이 아니라, 그것을 건강하게 상처를 이겨냈다는 뜻이다. 그러기에 주위의 상황을 왜곡하지 않고, 있는 그대로 받아들이는 힘이 있다는 의미이다.

건강하지 않은 사람 즉, 열등감과 비교의식, 자신만의 상처에 매여 있는 사람은 어떤 일이 생기면 말과 행동을 통해서 상처를 다시 상대에게 내뱉지만, 건강한 사람은 아무렇지도 않게 받아들이며 쉽게 털어버릴 수 있다. 상대의 말에 상처를 받더라도 긍정적으로 해결하며, 웃으면서 넘길 수 있는 여유가 있다. 상대가 하는 말에 오해하지 않고 있는 그대로 받아들일 수 있고, 건강함이 있기에 건강한 반응을 할 수 있는 것이다.

예전에 조정민 목사님의 트위터@ChungMinCho에 이런 글이 올라왔다.

"그 귀걸이 꼭 진짜 같네요." "가짠지 어떻게 아셨어요?" 환하게 웃습니다. "진짜는 은행금고에 둬요. 특별한 날만 달아요." 진짜를 가진 사람은 가짜를 지적해도 화내지 않습니다. 진짜를 지녔기에 웃으며 살아야 할 텐데……

건강함이란 바로 '반응'으로 나타난다. 그 반응으로 인하여, 그의 존재 자체만으로도 다른 사람들에게 건강함과 온전함이라는 선한 영향력을 주게 된다. 고난 없이 살아온 사람에게는 사람에 대한 신뢰가 있고, 상대에게 건강한 반응을 한다. 고마운 일에 대하여 고맙다고 말하고, 미안한 일에 대하여 미안하다고 말한다. 기쁜 일에 기쁘다고 반응하며, 슬픈 일에 울 수도 있다. 사람에 대한 신뢰가 있기에, 실수하고, 실패해도, 상대를 향하여 끊임없는 신뢰를 보낼 수 있다.

평탄하게 살아온 사람은 다른 이들을 있는 그대로 받아주며, 그들의 아픔과 눈물에 대해 오해하지 않고 수용해준다. 그러기에 그 사람이 그 모임에 있다는 것만으로도, 그 공동체에 존재한다는 것만으로도 회복의 역사가 일어나고, 함께하는 모든 이들에게 건강하고, 아름답고 멋진, 선한 영향력을 끼치게 된다.

이스라엘 엘리트 여호수아

성경에서 보면 가장 엘리트 코스를 밟은 사람은 바로 여호수아다. 이스라엘이 가나안 땅을 정탐할 때 에브라임 지파에서 뽑혔고, 정탐한 후에 여호수아와 갈렙 만이 남은 상황에서,

모세를 시종 드는 사람으로 발탁된 사람도 여호수아였다. 그리고 결국 모세의 후계자로 지명되어 가나안 땅으로 이끌어간 사람이 바로 여호수아였다. 여호수아의 삶을 보면 그렇게 특별하지 않다. 무난하다. 가나안 땅을 정복할 때도 아이성 전투와 기브온 주민들이 여호수아를 속인 것 외에 특별한 고난도 없이 평탄하게 정복을 마무리한다.

성경에 보면 여호수아가 가는 곳에는 평탄함이 있다. 가나안 땅을 정탐하러 갈 때도, 다른 지파들은 모세를 따랐던 것처럼 여호수아를 따르겠다고 서약하며, 가나안 정복에 함께 나아간다. 평탄한 삶을 살아온 인생의 축복은 평탄함의 은혜가 있다. 복잡한 곳도 그가 가면 단순해진다. 문제가 일어나는 것도 그가 가면 평안과 하나 됨의 역사가 일어난다.

이스라엘은 모세 이후에 가장 혼란한 시간을 보낼 상황임에도 불구하고, 하나님은 여호수아라는 인물을 통하여, 때로는 단호함으로, 때로는 부드러움으로 이스라엘 공동체를 아름답게 세워가셨고, 그의 성품을 통하여 가나안의 정착을 이어가게 하셨다.

예배의 싸움을 포기하지마라

여기서 평탄한 인생이 생각해야하는 것이 있다. 바로 예배에 대한 싸움이다. 평탄하기에 하나님을 잊을 수도 있고, 자기만족으로 살아갈 수 있음을 잊으면 안된다. 평탄하기에 더욱 하나님 앞에 나아가는 예배의 싸움을 놓치면 안된다.

민수기 1장에 보면, 가나안 땅 정탐을 위해서 이스라엘 백성들을 계수하는 장면이 나온다. 본문을 보면서 이해가 되지 않는 점이 있다. 전쟁을 위해서 아군의 군사수를 파악하는 것은 너무나 당연하다. 그런데 47-54절에서 레위 지파는 계수하지 말라고 하신다. 그 이유는 48-51절에 나온다.

> 이는 여호와께서 모세에게 말씀하여 이르시되 너는 레위 지파만은 계수하지 말며 그들을 이스라엘 자손 계수 중에 넣지 말고 그들에게 증거의 성막과 그 모든 기구와 그 모든 부속품을 관리하게 하라 그들은 그 성막과 그 모든 기구를 운반하며 거기서 봉사하며 성막 주위에 진을 칠지며 성막을 운반할 때에는 레위인이 그것을 걷고 성막을 세울 때에는 레위인이 그것을 세울 것이요 외인이 가까이 오면 죽일지며

이해가 가는가? 전쟁을 해야 할 상황이고, 한 사람의 군사가 더 필요한데, 하나님은 한 지파 전부를 빼라고 하신다. 전쟁을 하시려는 마음이 있으신 것일까? 한 사람이라도 더 필요한 상황에서 성막을 위해서 한 지파를 빼라고 하신다. 왜 그런 것일까? 그것은 앞으로 이스라엘의 전쟁은 상대와의 전쟁이 아니라, 예배에 대한 전쟁임을 분명하게 하신 것이다. 어떠한 상황에서도 이스라엘은 하나님을 향한 예배는 포기해서 안 되는 것임을 말씀하신 것이다. 이스라엘의 싸움이었고, 우리들이 싸워야 할 2가지 싸움이 여기에 있다.

첫째, 고난 앞에서도 예배할 수 있느냐의 문제이다. 이스라엘은 40년 광야생활가운데, 그리고 가나안 땅을 정복하면서 많은 전쟁을 해야 했고, 고난을 겪어야 했다. 하나님은 물으신다! 고난가운데서도 예배할 수 있느냐! 모든 기대와 소망과 가능성이 사라진 곳에서도 예배할 수 있냐고 물으시는 것이다.

지금 우리의 문제, 상황보다 더 중요한 것은 바로 예배라는 것이다. 다른 그 무엇이 해결책이 아니라, 바로 하나님만이 답임을 고백하며 매달릴 수 있는지 우리에게 물으시는 것이다.

다른 하나는, 축복 앞에서도 예배할 수 있느냐의 문제이다. 이스라엘은 광야생활과 가나안 정복을 하며 어려움을 겪을 때는 예배에 성공했다. 그러나 가나안 땅에 정착하면서 많은 복을 받지만, 가나안 땅의 문화에 적응하면서 예배를 잃어버리고, 가나안의 우상들을 섬기게 된다. 그 땅에 정착하기 위해서 어쩔 수 없는 그들의 문화와 우상을 받아들여야 했다. 자신들의 성공을 위해서, 그리고 성공 그 이후의 삶 앞에서, 그들은 예배에 실패한다.

우리는 우리에게 주신 축복으로 죄를 짓는다. 건강의 복을 주셨는데 그 건강함을 죄를 짓고, 물질의 복을 주셨는데 물질로 죄를 짓고, 똑똑한 머리를 주셨는데 그 똑똑함으로 죄를 짓는다. 축복을 진정한 축복으로 만들려면 예배해야한다. 예배할 때 비로소 축복을 제대로 관리할 수 있게 된다.

> 이 백성은 내가 나를 위하여 지었나니, 나의 찬송을 부르게 하려 함이라 _사 43:21

하나님을 찬송하며 예배하는 것! 바로 그것이 우리의 본질이다. 예배에서 멀어지면 우리의 본질을 놓치게 된다. 삶에서 예배가 떠나면 무너지게 된다. 그러기에 가장 중요한 것은 예배를 어떤 상황에서도 놓치지 않는 것이다. 축복의 자리에서도 예배를 선택하는 믿음의 결단이 필요하다.

우리는 어떤 상황에서 예배를 놓치게 될까? 고난의 상황일까? 축복의 상황일까? 고난의 상황보다 축복의 상황에서 예배를 많이 놓쳐버린다. 점점 예배의 자리에서 멀어진다. 하나님이 주신 축복은 누려야 한다. 그러나 그것이 하나님의 자리를 대신할 수는 없다!

하나님이 축복을 주실 때일수록, 더 하나님 앞에 나아와 은혜의 자리에 서야 한다. 나에게 주신 은혜보다 하나님이 더 중요한 분임을 늘 고백해야 한다. 그럴 때 그 축복을 다스릴 수 있는 지혜가 생기며, 그것에 붙들리지 않게 된다.

건강함을 선물하라

TV채널을 돌리다가 만화영화 '호빵맨'을 본 적이 있다. 스쳐지나가듯 본 장면이 인상적이었다. 호빵맨이 막 날아다니다가 배고픈 사람을 발견하고는 땅으로 내려가 자기 얼굴 한 부분을 떼어서 준다. 그리고는 집으로 돌아와 빵 만들기 장인인 잼아저씨에게 새로 얼굴을 만들어 달라고 한다. 호빵맨 얼굴을 떼어서 나누어 주어도 호빵맨이 달라지거나 없어지지 않는다. 그 이유는 잼아저씨의 공급함이 있기 때문이다. 그래서 늘 온전한 모습으로 지내며 필요한 사람에게 자신의 것을 나눠줄 수 있는 것이다.

사랑하는 청년들이여!
아무런 고난 없이 평탄하게 자라왔다면 그것만큼 큰 축복이 없음을 기억하라. 그러기에 다른 이들의 삶과 내 삶을 비교하지마라. 평탄하게 살아온 인생만이 다른 이들에게 나눠줄 수 있는 것이 있다. 무엇을 나누어줄 수 있는가? 바로 건강함이다. 너의 존재 자체가 줄 수 있는 최고의 선물이 바로 건강함이다.

예배가운데 머물러라. 그래서 계속 하나님으로부터 건강함을 공급받아라. 그리고 그 건강함을 가지고 세상을 향하여 손을 내밀어라. 다른 이들의 아픔의 자리에 가서 서 있으라! 그 자리에서 너의 건강함과 온전함과 기쁨을 나눠주라. 서로 자신들의 아픔과 상처로 대하며, 아픔을 줄 때, 너의 건강함으로 그들의 아픔과 눈물을 보듬어주라. 네가 그 자리에 존재한다는 것만으로, 그 곳에는 놀라운 회복과 생명의 은혜와 역사가 있을 것이다.

너의 존재 그 자체가 바로 보석 같은 존재임을 잊지 마라! 너의 존재 그 자체만으로 희망이며, 기쁨이며 회복이기 때문이다.

- 평탄한 삶을 살아온 인생이 줄 수 있는 최고의 선물은 건강함이다.
- 평탄한 삶을 살아온 인생은 예배를 결코 포기해서는 안 된다.
- 축복의 때에 더 하나님을 예배하고 붙들라.
- 건강함의 축복을 나눠주며 살아가라.

4 네 자신에게 다시금 기회를 주라

15 그들이 조반 먹은 후에 예수께서 시몬 베드로에게 이르시되 요한의 아들 시몬아 네가 이 사람들보다 나를 더 사랑하느냐 하시니 이르되 주님 그러하나이다 내가 주님을 사랑하는 줄 주님께서 아시나이다 이르시되 내 어린 양을 먹이라 하시고 16 또 두 번째 이르시되 요한의 아들 시몬아 네가 나를 사랑하느냐 하시니 이르되 주님 그러하나이다 내가 주님을 사랑하는 줄 주님께서 아시나이다 이르시되 내 양을 치라 하시고 17 세 번째 이르시되 요한의 아들 시몬아 네가 나를 사랑하느냐 하시니 주께서 세 번째 네가 나를 사랑하느냐 하시므로 베드로가 근심하여 이르되 주님 모든 것을 아시오매 내가 주님을 사랑하는 줄을 주님께서 아시나이다 예수께서 이르시되 내 양을 먹이라

_요한복음 21:15-17

실패란 무엇일까?

《현대카드가 일하는 방식 50》이라는 책에 보면, 이 회사의 워크스타일에 대한 가이드라인을 볼 수 있다. 거기에서 이런 인상적인 글이 있었다.

'1년 안에 10번의 시도와 10번의 실패를 경험할 것.
실패를 전제로 한 시도는 더욱 과감해지며 다음 단계를 위한 값진 발견을 할 수 있게 하고, 조직의 DNA를 건강하게 유지 시킨다'

한 형제와 이야기를 하는데, 형제는 자신의 인생에 결정적인 실패 2가지가 있다고 말한다. 한 번은 외고 진학을 실패한 것이고, 또 한 번은 원하는 대학에 진학하지 못한 것이다. 그런데 문제는 원하는 대학에 진학하지 못한 이후로, 늘 무기력하게 살아간다는 점이다. 취업을 하고 나서도, 결정적인 순간이 오면, '그때 외고를 갔어야 해, 내가 원하는 대학을 갔어야 해!'라고 말하면서, 자신에게 주어진 기회를 포기한다는 것이다. 스스로 말한다, 나는 안된다고… 할 수 없다고… 또 분명 안 될 것이고……자기 자신에게서 기회를 빼앗어버리는 것이다.

웨인 다이어가 쓴 《행복한 이기주의자》에 보면, 이런 글이 있다.
실패는 단지 특정행위가 어떤 식으로 마무리됐어야 했다는 다른 사람의 의견일 뿐이기 때문입니다. 예를 들어, 개가 15분간 짖고 있는데, 누군가 '저 개는 잘 짖지 못하는 군, 50점'이라고 말한다면 터무

니없는 것과 같기 때문입니다. 고양이가 쥐를 잡을 때에 한 번 시도하여 실패하면 그냥 다른 쥐를 쫓아갈 것입니다. 그 자리에 드러누워 놓친 쥐를 놓고 푸념하고 불평하지 않습니다. 실패했다고 신경쇠약에 걸리지도 않습니다. 그저 자연스러운 행위이기 때문입니다.

실패란 존재하지 않는다

청년의 때에 신앙이란 실패에 대한 반응으로 드러나게 된다. 자신의 인생의 중요한 순간에 결정! 그리고 그것을 향한 나의 반응을 통해서 우리의 본모습이 처절하게 드러난다. 실패하는 순간 내 자신을 실패자로 낙인찍으며, 내 자신 스스로에게서 기회를 빼앗아버리는 것이다.

사실 하나님을 믿는 이들에게 실패란 존재하지 않는다. 나의 생각과 계획에 어긋날 수는 있지만, 그것보다 더 멋진 것을 하나님이 준비하고 계시기 때문이다. 미시적으로 실패라 말할 수 있지만, 거시적으로 실패란 존재하지 않는다.

'심은 대로 거두는 것'이 인생의 법칙이다. 그런데 열심히 노력하고 준비했음에도 불구하고 좋은 결과가 없었다면 어떻게 할 것인가? 낙심하고 절망할 것인가? 포기할 것인가? 무엇을 의미하는 것인가? 하나님께서 그 인생에 개입하신 것이다. 인생의 법칙을 넘어 하나님께서 그 인생을 향한 새로운 일을 시작하신 것이다. 내 수준의 생각과 계획을 넘어선 하나님의 놀라운 계획이 시작되었음을 보여주는 것이다. 그렇다면 더 기대할 것이 있지 않겠는가? 내가 생각한 것이 실패가 아니라, 새로운 기대와 희망의 이유가 되지 않겠는가? 내 생각을 넘어선 하나님의 놀라운 신비를 기대할만하지 않겠는가?

그리고 우리에게는 믿음이 있다! 모든 것을 합력하여 선을 이루시는 하나님롬 8:28! 그 모든 것 하나하나를 통하여 가장 아름답고 멋진 것을 만들어 가심에 대한 믿음이 있기에, 우리는 실패를 다르게 바라볼 수 있다.

다시금 만나는 실패의 자리

예수님을 위해 자신의 목숨까지도 버리겠다던 베드로는 결정적인 순간에 3번 예수님을 부인하고 저주한다. 그리고 갈릴리 호숫가에서 부활하신 예수님과 베드로는 다시 만나게 된다. 아마도 베드로는 죽고 싶었을 것이다. 피하고 싶었을 것이다. 다시 예수님을 볼 면목이 없었을 것이다. 그러나 주님은 다시금 실패의 자리에서 베드로에게 다가오신다.

기억하라! 다시금 만나게 되는 실패의 자리는 회복의 자리로 만들어 가시려는 하나님의 배려이다. 모른척하고 저기 깊숙한 곳에 꽁꽁 묻어두었던 아픈 기억을 왜 또 다시 기억해 내야하고, 왜 또 다시 그런 상황을 겪어야 하냐고 원망하지마라. 그것을 이겨내야 한다. 그것을 넘어서야 한다. 그때의 실수를 다시금 반복하지 않으면 된다! 피한다고 해결되는 것이 아니라, 도망간다고 잊어지는 것이 아니다. 반드시 해결해야 할 문제이다. 기억하고 싶지 않은 아픔이 아니라, 웃을 수 있는 추억이 되게해야 한다. 그렇게 되도록 하나님이 만들어 주신 기회며, 하나님의 배려인 것이다.

지난 시간을 되돌아보라! 아무리 힘든 시간을 겪어도, 그 일이 마무리되면, 모든 것이 추억이며, 아름다운 기억이 된다. 시험을 떨어졌어도, 합격하며, 지난 시간은 아름다운 과정이 된다. 아무리 많이 싸우고 헤어지더라도, 결혼하게 되면, 아름다운 과거가 된다. 다시 만난다고 두려워할 것이 아니라, 아름다운 기억으로 만들어 가면 된다. 그러려면 직면함을 피하지 말아야한다.

바로 그 자리에서, 예수님은 베드로에게 어떠한 질책과 비난이 아닌 다시금 3번의 질문을 하신다. '네가 나를 사랑하느냐' 똑같은 3번의 질문에 베드로는 '내가 주님을 사랑하는 줄 아신다.' 라고 고백한다. 예수님은 베드로의 3번 부인을 3번의 사랑 고백으로 하게 하시며, 그의 상처 난 마음을 어루만지신다.

다시 한 번 베드로에게 기회를 주신 것이다. 회복될 수 있는 기회와 자리를 만들어주신 것이다. 바로 다시 한 번 기회를 주는 것! 바로 그것이 사랑이다.

복음은 다시금 기회를 주는 것이다

소그룹에서 청년들이 자신의 삶에 가장 힘들었던 시기를 이야기할 때가 있었다. 그때 한 청년의 이야기다. 이 청년은 회사에서 입사 2년 만에 대리직급에 팀장의 역할을 맡게 되었다. 누구보다 자신의 일을 좋아했던지라 며칠을 밤새가면서라도 열정적으로 일을 했다. 맡은 팀도 다른 팀에 비해 성과도 있고, 그만큼 팀원들도 열심히 하고 잘 따라와 주었다고 한다.

하지만 어느 날 직무평가를 하게 되고 날벼락 같은 소식을 인사과장으로부터 듣게 된다. 팀원들이 모두 팀장, 이 청년에게 낮은 점수를 준 것이다. 이 팀장과는 힘들어서 더는 같이 일 못하겠다는 것이다. 등을 돌린 것이다. 이때 이 청년은 자신에 대한, 사람에 대한 좌절감과 거부감에 괴로웠다고 한다. 그 동안은 자신을 리더십 있고 멋진 리더라고 생각했는데, 그 리더 자리에서 실패를 경험하게된 것이다. 그래서 그 이후 교회에서나 다른 모임에서의 리더 자리를 다 거부했다. 실패의 자리에 다시 있고 싶지 않았던 것이다.

그런데 얼마 전에 청년부 한 팀에서 팀장을 맡게 되었다. 그때 그 청년의 고백은 하나님이 다시 기회 주신 것 같다는 것이다. 그래서 받아드리기로 했다고 한다. 예전의 아픔을 다시 생각하고 꺼내기 싫지만, 그때 느끼고 생각했던 것을 적용해보고 싶고, 또 다른 리더십의 모습을 가진 새로운 자신의 모습을 보고 싶다는 것이다. 자신에게 다시 기회를 준 것이다.

이 청년처럼 내가 내 스스로에게 줄 수 있는 가장 큰 선물은 바로 다시금 기회를 주는 것이다. 내 자신 스스로에 대한 기대가 사라졌다는 것은 상황과 현실에 대한 절망이 아니라, 바로 내 자신에 대한 절망이기 때문이다. 아무리 고난가운데 있고, 아무리 절망가운데 있을지라도 희망을 이야기할 수 있는 것은 바로 내가 내릴 수 있는 선택이며 결정이기 때문이다. 다른 모든 사람들이 불가능하다고 말해도, 내가 가능하다고 말하고 움직이면 된다.

복음이 무엇인가? 하나님께서 다시금 나에게 기회를 주신 것이다. 넘어지고, 쓰러지고, 죄를 지으며, 무너지는 우리에게 다시금 하나님께서 손을 내미신 것이다. 다시 한 번 기회를 주신 것이다. 다시금 기회를 주시는 하나님을 붙드는 것이, 바로 복음을 늘 경험하며 누리며 살아가는 것이다. 늘 실패하고, 늘 넘어지지만, 늘 새롭게 주시는 하나님의 그 기회를 붙들며 다시금 시작하는 것이다. 내 자신의 절망을 넘어 하나님을 향한 기대를 붙들며 선택하는 것이다. 그러기에 바로 지금, 이 자리에서 시작할 수 있는 것이다.

다시금 주어지는 기회

2010년 5월에 서초동 소년 법정에서, 친구들과 함께 오토바이를 훔쳐 달아난 혐의로 구속된 소녀는 재판을 기다리고 있었다. 작년 가을부터 14건의 절도, 폭행 등의 범죄를 했기에 무거운 형벌을 받게 되어 있었다. 그런데 부장판사가 들어와 무거운 보호처분을 예상하고 어깨가 잔뜩 움츠리고 있던 소녀를 향하여 나지막하고 다정한 목소리로 "앉은 자리에서 일어나 나를 따라 힘차게 외쳐보렴" "나는 이 세상에서 가장 멋있게 생겼다"라고 예상치 못한 재판장의 요구에 잠시 머뭇거리던 소녀는 나지막하게 "나는 이 세상에서…"라며 입을 열었다. 그러자 이번에는 더 큰소리로 나를 따라 하라고 하면서 "나는 무엇이든지 할 수 있다. 나는 이세상이 두려울 게 없다. 이세상은 나 혼자가 아니다"라고 큰 목소리로 따라하던 소녀는 "이세상은 나 혼자가 아니다"라고 외칠 때 참았던 눈물을 터뜨리고 말았다.

무슨 사연이 있는 것일까? 판사가 이런 결정을 내린 이유가 있다. 이 소녀는 작년 초 까지만 해도 어려운 가정환경에도 불구하고 반에서 상위권성적을 유지하였으며 장래 간호사를 꿈꾸던 발랄한 학생이었다. 그런데 작년 초 귀가 길에서 남학생 여러 명에게 끌려가 집단 폭행을 당하면서 삶이 송두리째 바뀌었던 것이다. 소녀는 당시 후유증으로 병원의 치료를 받았고 그 충격으로 홀어머니는 신체 일부가 마비되기까지 하였으며, 소녀는 학교를 겉돌며 결국 비행청소년들과 어울려 다니면서 범행을 저지르기 시작했던 것이다. 판사는 다시 법정에서 지켜보던 참관인들 앞에서 말을 이었다.

"이 소녀는 가해자로 재판에 왔습니다. 그러나 이렇게 삶이 망가진 것을 알면 누가 가해자라고 말 할 수 있겠습니까? 이 아이의 잘못의 책임이 있다면 여기에 앉아있는 여러분과 우리 자신입니다. 이 소녀가 다시 이 세상에서 긍정적으로 살아갈 수 있는 유일한 방법은 잃어버린 자존심을 우리가 다시 찾아주어야 합니다." 그리고 눈시울이 붉어진 판사는 눈물이 범벅이 된 소녀를 법대 앞으로 불러 세워 "이 세상에서 누가 제일 중요할까요. 그건 바로 너야. 이 사실만 잊지 않는다면 지금처럼 힘든 일도 이겨낼 수 있을 거야" 그리고는 두 손을 쭉 뻗어 소녀의 손을 잡아주면서 이렇게 말을 이었다. "마음 같아서는 꼭 안아주고 싶지만 너와 나 사이에는 법대가 가로막혀 있어 이정도 밖에 할 수 없어 미안 하구나"

사랑하는 청년들이여!

한 번 더 너의 인생가운데 기회를 주라. 늘 새롭게 우리에게 기회를 주시는 하나님의 사랑을 기억하며, 한 번 더 네 자신에게 기회주자! 네 자신을 믿어주자! 하나님도 우리에게 다시금 기회를 주시는데, 왜 이렇게 너 자신에게 인색한가? 다시 한 번 기회를 주고 믿어주자.

바로 그것이 네게 해줄 수 있는 최고의 선물이며, 복음을 누리는 것이다.

'네가 나를 사랑하느냐?'

예수님은 베드로에게 물으시며 다시금 기회를 주신다. 그리고 우리에게 물으시며, 다시금 기회를 주신다.

'네가 나를 사랑하느냐?'

이제 우리가 답해야 할 때가 아닐까?

- 크리스천들에게 실패란 존재하지 않는다.
- 다시 만난 실패의 자리는 회복의 자리로 초대하는 하나님의 배려이다.
- 복음을 누린다는 것은 매순간 허락하시는 기회를 붙들며 살아가는 것이다.

Part 2

현재를 선택하게 하는 자신감

:

진정으로 행복하기 위해 필요한 것은 무엇일까?
유대교 종교철학자 아브라함 J. 헤셸은 많지 않다고 답한다. 이미 다 있기 때문에
다시 새롭게 필요한 것은 아무 것도 없다고 한다.
행복하기 위해 필요한 것은 "하느님, 영혼, 그리고 순간이다.
이 세 가지는 항상 있다. 존재한다는 것 자체가 축복이고, 산다는 것 자체가 신성하
다." 그는 의미 있는 삶을 살기 정말로 필요한 것은 단 이 세 가지뿐이라고 말한다.
더 이상 필요한 것은 없다.
_《삶은 내일이 아니라, 지금입니다》, 안셀름 그륀

5
눈에 보이는 것이 전부가 아니다

13 온 땅의 주 여호와의 궤를 멘 제사장들의 발바닥이 요단 물을 밟고 멈추면 요단 물 곧 위에서부터 흘러내리던 물이 끊어지고 한 곳에 쌓여 서리라 14 백성이 요단을 건너려고 자기들의 장막을 떠날 때에 제사장들은 언약궤를 메고 백성 앞에서 나아가니라 15 요단이 곡식 거두는 시기에는 항상 언덕에 넘치더라 궤를 멘 자들이 요단에 이르며 궤를 멘 제사장들의 발이 물 가에 잠기자 16 곧 위에서부터 흘러내리던 물이 그쳐서 사르단에 가까운 매우 멀리 있는 아담 성읍 변두리에 일어나 한 곳에 쌓이고 아라바의 바다 염해로 향하여 흘러가는 물은 온전히 끊어지매 백성이 여리고 앞으로 바로 건널새 17 여호와의 언약궤를 멘 제사장들은 요단 가운데 마른 땅에 굳게 섰고 그 모든 백성이 요단을 건너기를 마칠 때까지 모든 이스라엘은 그 마른 땅으로 건너갔더라 _여호수아 3:13-17

눈에 보이는 것이 전부가 아니다

나이 든 천사와 젊은 천사가 인간으로 변신하여 여행을 하게 되었다. 그날 밤 그들은 으리으리한 부잣집에 찾아갔다. 하룻밤만 묵을 것을 청하였지만 부자는 매정하게 거절을 하였다. 그들은 떠나지 않고 거듭해서 묵게 해 줄 것을 애원했다. 부자는 귀찮았는지 허름한 헛간에서 지낼 것을 허락했다. 그 집에는 빈방이 많았지만 추운 헛간에서 머물게 했던 것이다. 그들이 자려할 때 나이든 천사가 벽에 구멍이 뚫린 것을 발견하고는 일어나 그 구멍을 메워 주었다. 젊은 천사가 불만인 듯 이렇게 물었다.

"이렇게 홀대를 받고 또 불친절한데 천사님은 왜 친절하게도 그 구멍을 메워 주셨습니까?"

나이든 천사가 대답했다. "보이는 것이 전부는 아니란다."

다음날 일찍이 조반도 얻어먹지 못하고 쫓겨났다. 하루 종일 여기저기 돌아다니느라 피곤한 몸을 이끌고 두 천사는 어느 허름한 집을 찾아갔다. 가난하지만 친절한 농부의 집이었다.

하룻밤 묵기를 청했더니 부잣집과는 달리 친절한 부부는 음식을 정성껏 대접하고 자신들의 잠자리를 두 천사에게 내주었다. 천사들은 아주 편하게 잠을 잘 수 있었다. 다음날 아침 일어나보니 농부 부부는 서럽게 울고 있었다. 연유를 들어보니 농부가 아끼던 암소가 들판에서 죽었다는 것이다. 그 암소에서 나오는 우유가 유일한 생계수단이었는데 그 소를 잃게 된 것이다. 젊은 천사는 나이든 천사에게 따졌다.

"천사님은 알고 계셨지요? 어째서 이런 일이 일어나도록 놔두셨습니까? 모든 것을 가진 부잣집에서는 푸대접을 받았는데도 그 집 헛간 구멍을 메워주는 친절을 베풀고, 가난한 농부 부부는 넉넉지 않은 가운데서도 우리에게 매운 친절했는데도 그들의 암소가 죽도록 내버려 두시다니 너무하시는 것 아닙니까?"

나이든 천사가 다시 대답했다. "보이는 것이 전부는 아니란다."

젊은 천사는 이해를 할 수 없었다. 하루 종일 다니다가 다시 물었다. "보이는 것이 전부는 아니라는 말씀이 무엇을 뜻하지요?" 나이든 천사가 대답했다.

"보이는 것이 늘 전부는 아니란다. 부잣집 헛간에 있을 때 헛간 벽에는 금덩어리가 박혀있었다네, 그 구멍 속에서 아주 조금 보였었네. 부자 부부는 제 욕심만 채우는 탐욕스러운 사람들이었기에 그 구멍을 메워 금덩어리를 발견하지 못하게 했다네. 지난밤 착한 농부 집에서 일어난 일도 알고 있었다네. 지난밤 잘 때 죽음의 천사가 농부의 아내에게 찾아와 데려가려고 했다네. 그래서 내가 나서서 자비를 베풀어 달라고 간청했네. 죽음의 천사는 내 간청을 듣고 대신 암소를 데려갔네. 그래서 보이는 것이 언제나 전부는 아닌 것이야"

믿음은 무조건이 아니다

하나님을 믿는다는 것은 눈에 보이는 세계, 눈에 보이는 것이 전부가 아님을 아는 것이다. 그러기에 세상 사람들이 보기에, 이해할 수 없는 가치를 붙들고, 그것을 선택하고 결정하며 이 세상을 살아간다.

믿음은 '무조건'이 아니다. 현실과 상황에 상관없이 믿는 것이 아니다. 더 철저하게 분석하고, 파악하며, 손익계산을 한다. 어떤 선택을 할 때, 어떤 결과가 나타날지 더 정확하게 판단을 한다. 그런데 믿음의 사람들은 그 지점에서 한 걸음 더 나아간다는 것이다. 그 판단과 분석을 기초로, 하나님의 마음이 있는 것이 무엇이냐, 하나님께서 기뻐하시는 것이 무엇인지를 기도하며 판단한다. 그러기에 그 선택이 힘들고, 어려움이 될 수도 있고, 또 그렇다는 것을 알고 있다. 하지만 하나님의 마음이 있기에, 모든 어려움과 고난을 감수하고 그 길을 걸어가는 것이다. 그것이 믿음이다. 믿음은 무조건적이 아니라 더 현실적인 판단이며 결정이다. 눈에 보이는 것을 너머 살아가는 믿음의 사람들을 통하여 이 땅은 변해왔고, 앞으로도 변하게 될 것이다.

양화진에 담긴 믿음의 발걸음

가끔 홀로 합정동에 있는 양화진을 가곤 한다. 양화진은 기독교 순교자들의 유해가 안장되어 있는 외국인 선교사묘원이 있는 곳이다. 그곳에 있는 묘지들과 묘비들은 언제나 생각에 잠기게 한다.

일본 식민지하에서 조선의 억울함을 온 세계에 알렸던 헐버트 선교사 묘비에는 다음과 같은 글귀가 적혀 있다. "나는 웨스트민스터 사원보다도 한국 땅에 묻히기를 원하노라."

1883년에 태어나 1907년 스물넷의 꽃다운 나이에 먼 이국땅에 처녀의 몸으로 와 단지 8개월 사역을 감당하다 이 땅에 묻힌 루비 켄드릭양의 묘비에는 다음과 같이 적혀 있다. "만일 나에게 천개의 생명이 있다 할지라도 나는 그 모든 것을 한국에 주겠노라."

배재학당과 정동감리교회를 세운 헨리 아펜젤러, 그는 1902년 목포

앞바다에서 전복된 배에서 소녀를 구하다가 익사해 시신마저 인양되지 못한 안타까운 죽음을 맞았다. 그 외에도 경신학교와 새문안교회를 세운 언더우드, 3대가 이 땅에 사역하다 묻힌 윌리엄 홀, 로제타 홀, 셔우드 홀, 그리고 그들의 3세 된 딸 이디스에 이르기까지 때로는 이름도 없이 빛도 없이 이 땅에서 사역하다 묻힌 선교사들, 그 자녀들의 묘비와 부르심 받은 날짜….

도대체 왜 이런 선택을 하는가?

신앙이 없거나 예수님을 처음 믿기 시작한 사람도, 이곳을 다녀오면 이런 질문을 하게 된다. "도대체 왜? 예수님이라는 분이 얼마나 대단한 분이기에, 자신의 생명, 가족들의 생명까지 내놓으면서 이럴 수 있는가! 자신의 모든 것을 포기하면서까지 전하고 싶은…… 그렇게 대단한 분이신가!"

세상이 도저히 이해할 수 없는 결정과 선택을 하며, 눈에 보이는 것 너머를 바라보며 살아온 이들이 있기에, 지금 이 세상은 복음을 누리고 있는 것이다.

눈에 보이는 것을 너머 살아갈 때, 이 세상에 감동을 줄 수 있다.

눈에 보이는 것을 너머 살아갈 때, 이 세상에 변화가 시작될 수 있다.

눈에 보이는 것을 너머 살아갈 때, 보이지 않는 세상을 보여 줄 수 있다.

그것이 믿음을 가진 우리들의 삶의 모습이며, 세상에게 줄 수 있는 선물이다.

우리가 기도하는 이유

왜 기도하는가? 우리가 기도할 수 있는 이유는 무엇인가? 그것은 우리의 기도를 들으시고, 하나님께서 일하시고, 역사하실 것이라고 믿기 때문이다. 기도란 믿음을 가진 이들의 표현이다. 하나님이 움직이실 것이라는 믿음이 있기에 기도하는 것이다. 히브리서는 이렇게 말한다.

믿음이 없이는 하나님을 기쁘시게 하지 못하나니 하나님께 나아가는 자는 반드시 그가 계신 것과 또한 그가 자기를 찾는 자들에게 상 주시는 이심을 믿어야 할지니라 _히 11:6

우리의 기도를 들으시는 하나님! 그리고 응답하시는 하나님! 역사하시는 하나님이 계심을 믿기에 하나님 앞에 나아갈 수 있는 것이다. 그래서 눈에 보이는 상황은 절망과 낙망으로 그 어떤 것도 기대할 수 없는 상황이지만, 절망하지 않고 한 줄기 희망을 붙들고 버텨낼 수 있는 힘은 바로 그 믿음에 있는 것이다. 내 눈에 보이지 않더라도 하나님께서 일하시고 계신다는 바로 그 믿음이다.

요단강을 건너면서

이스라엘 백성이 광야생활 40년을 마치고, 가나안 땅으로 나아가면서 만나게 되는 첫 번째 관문은 바로 요단강이다. 그런데 요단강이 메마른 시기가 아니고 강물로 흘러넘치는 시기임을 성경은 이야기해준다.

15 요단이 곡식 거두는 시기에는 항상 언덕에 넘치더라…

여호수아는 홍해를 건너 본 경험이 있기에 쉽게 건널 수 있을 것이라 생각하지만, 홍해 때와는 다른 것이 있다. 홍해는 하나님께서 바람으로 물을 막아서 벽을 만들어주셨다.

모세가 바다 위로 손을 내밀매 여호와께서 큰 동풍이 밤새도록 바닷물을 물러가게 하시니 물이 갈라져 바다가 마른 땅이 된지라 이스라엘 자손이 바다 가운데를 육지로 걸어가고 물은 그들의 좌우에 벽이 되니 _출 14:21-22

그러나 요단강을 건널 때는 홍해와는 다른 것을 명령하신다. 요단강을 향하여 먼저 믿음의 발걸음을 내딛으라고 하신다.

13 온 땅의 주 여호와의 궤를 멘 제사장들의 발바닥이 요단 물을 밟고 멈추면 요단 물 곧 위에서부터 흘러내리던 물이 끊어지고 한 곳

에 쌓여 서리라

제사장들의 발이 요단 물에 닿으면 그때부터 흐르던 물이 끊어진다고 말씀하셨다. 이것은 믿음을 요구하시는 거다. 홍해의 기적을 경험한 이스라엘에게, 이제는 믿음의 행동을 요구하신 것이다. 믿음은 생각을 넘어서 삶이며 행동이다. 삶으로 표현되어지고, 표출되는 것이 믿음이기 때문이다.

요단강의 물은 멈췄을까?

그렇다면, 제사장들이 요단강물에 발을 담갔을 때, 요단강물이 멈췄을까? 홍해처럼 요단강물이 갈라지면서 멈춘 것일까?

16 곧 위에서부터 흘러내리던 물이 그쳐서 사르단에 가까운 매우 멀리 있는 아담 성읍 변두리에 일어나 한 곳에 쌓이고 아라바의 바다 염해로 향하여 흘러가는 물은 온전히 끊어지매

사르단과 아담은 백성들이 건너는 요단으로부터 상류로 24~32km 정도 떨어진 곳이다. 제사장들의 발이 요단강물에 닿는 순간! 물은 바로 사르단과 아담 성읍 주변, 즉 그들이 건너는 곳에서 24km~32km 떨어진 곳에서부터 물이 멈추고 쌓이기 시작했음을 보여준다. 그렇다면 그곳에서부터 이스라엘 백성들이 건너는 곳까지 물은 계속 흐르고 있는 것이다. 곡식을 거두는 시기이기에 요단에 늘 물이 넘쳤다고 하면, 한강 홍수 때 한강유속이 초당 6m이다. 그러면 1시간이면 약 21km 물이 흘러간다.

무슨 말인가? 제사장들이 요단강에 발을 담그는 순간! 아무런 변화도 일어나지 않은 것이다. 요단강물이 멈추지 않고, 계속 흐르고 있었음을 말해준다. 다시 말하면, 제사장들이 요단강에 발을 딛었을 때 아무런 변화도, 기적도 일어나지 않았고, 제사장들은 흐르는 강물에서 언약궤를 메고, 한 시간이 넘도록 서 있었음을 보여준다.

흐르는 요단강 가운데에서

하나님의 약속의 말씀을 붙들고 요단강에 발을 내딛었다. 그리고 그 물이 멈춰질 것이라는 믿음으로 흐르는 요단강에 서 있는 것이다. 그런데 물은 계속 흐른다. 멈춤 없이 흘러간다. 바로 이것이 우리의 영적 고민이기도 하다.

약속의 말씀을 붙들고 믿음으로 나아갔는데, 달라지는 것이 하나도 없다. 변화되는 것이 하나도 없다. 어떠한 변화도 보이지 않는다. 때로는 더 심각해지며, 더 어려움을 겪기도 한다. 하나님의 약속을 의심하게 되고, 하나님의 일하심을 불안해한다. 그래서 우리는 미리 포기하고, 내려놓는다.

오스트레일리아의 '아보리진'이라는 원주민들이 있다. 그들에게는 특별한 능력이 있는데, 그것은 그들이 춤을 추기만 하면 언제든지 비를 내리게 하는 능력이 있다는 것이다. 극심한 가뭄의 때가 되면, 원주민들은 함께 춤을 추기 시작한다. 그러면 어김없이 비가 내린다. 백인 마을 지도자가 너무나 궁금해서 족장을 찾아가서 물어봤다. 당신들이 춤을 추기만 하면 비가 오는데, 그 이유가 무엇입니까? 추장이 대답한다. "우리는 비가 올 때까지 춤을 춥니다!"

변화는 이미 시작되었다

 하나님의 약속을 붙들고 믿음으로 요단강에 발을 내딛었지만, 이스라엘 사람들의 눈에 요단강물은 여전히 흐르고, 달라진 것이 하나도 없었다. 그러나! 변화는 시작되었다. 사르담과 아담에서 물이 쌓여지고 있고, 거기서부터 이미 물은 멈춰졌다. 그러기에 우리에게 중요한 것은 바로 그 물이 내 앞에서 멈춰지는 그 순간까지 믿음으로 기다리는 것이 필요하다. 하나님의 약속의 말씀을 붙들고, 흐르는 요단강에 서 있는 믿음이 우리에게 필요하다.

 사랑하는 청년들이여!
 그대들의 노력과 도전이 실패했는가? 아무런 변화도 일어나지 않는 것처럼 보이는가? 나의 열정과 시간을 단순하게 낭비했다고 생각하는가?

아니다! 하나님의 말씀을 붙들고 시작한 그대들의 헌신과 노력을 통하여 이미 변화는 시작되었다! 착한 일을 시작하신 하나님께서 그 일을 이루실 것이다. 다만 우리는 그 변화가 우리의 눈에 보일 때까지 믿음으로 기다려야한다.

흐르는 요단강물에 서 있는가? 계속 흐르는 강물을 바라보며 낙심하고 있는가? 잊지 마라. 그 강물은 멈췄다. 그리고 우리는 그 강물이 멈춰짐을 믿음으로 기다리며 바라보면 된다. 흐르는 강물을 바라보라. 이제 보지 못할 것이다!

그러기에 지금 걸어가는 그 길에서 변화가 없다 해도 낙심하지마라!

하나님이 앞서 행하신다는 믿음, 그리고 변화가 이미 시작되었다는 믿음! 바로 그 믿음으로, 당당하게 그 길을 걸어가며 요단강에 서 있으라!

이제 필요한 것은 믿음의 기다림뿐임을 기억하라!

힘내라! 포기하지마라!

요단의 물은 곧 멈춰진다!!

- 눈에 보이는 것 너머를 볼 때, 변화와 역사는 시작된다.
- 말씀을 붙들고 변화를 시도했는가? 포기하지 말고 당당하게 그 자리에 서 있으라.
- 믿음은 기다림이다. 그 결과를 내 눈에 볼 때까지 기도하며 기다리는 것이다.

6
부족함도 그 자리에 있는 이유이다

4여호와의 말씀이 내게 임하니라 이르시되 5내가 너를 모태에 짓기 전에 너를 알았고 네가 배에서 나오기 전에 너를 성별하였고 너를 여러 나라의 선지자로 세웠노라 하시기로 6내가 이르되 슬프도소이다 주 여호와여 보소서 나는 아이라 말할 줄을 알지 못하나이다 하니 7여호와께서 내게 이르시되 너는 아이라 말하지 말고 내가 너를 누구에게 보내든지 너는 가며 내가 네게 무엇을 명령하든지 너는 말할지니라 8너는 그들 때문에 두려워하지 말라 내가 너와 함께 하여 너를 구원하리라 나 여호와의 말이니라 하시고 9여호와께서 그의 손을 내밀어 내 입에 대시며 여호와께서 내게 이르시되 보라 내가 내 말을 네 입에 두었노라 10보라 내가 오늘 너를 여러 나라와 여러 왕국 위에 세워 네가 그것들을 뽑고 파괴하며 파멸하고 넘어뜨리며 건설하고 심게 하였느니라 하시니라

_예레미야 1:4-10

낮고 낮은 마음의 라헬

2010년 대한민국 영화대상에서 여우주연상을 수상한 서영희씨의 진솔한 수상소감이 많은 화제가 되었다.

"이제껏 저는… 왜 다른 사람들은 한 계단, 한 계단 쉽게도 가는 것

같은데, 왜 나는 한 계단, 한 계단이 이렇게 높고, 험난할까 생각 많이 했습니다. 그러면서 내가 자질이 없는 건가, 그만둬야 되는 건가… 그런 생각 굉장히 많이 했습니다. 꿈을 꿨지만, 아직도 멀었다고 생각했습니다."

이 수상 소감을 듣고 있던 많은 배우들이 함께 눈물을 흘렸다. 서영희씨를 통한 그 고백에서 자신들이 느끼는 열등감, 비교의식, 다시 기회가 없을지도 모른다는 두려움, 사람들에게 잊혀 질지도 모른다는 감정과 동일했기 때문이다.

이러한 감정으로 살아왔던 성경적 인물을 말하라면 바로 '라헬'이다. 사실 라헬은 많은 것을 가지고 있었다. 아름다운 외모를 가졌고, 야곱의 사랑도 가장 많이 받았다. 그럼에도 불구하고, 그녀는 그 모든 것을 누리지 못했다. 그토록 기다리던 자식을 여종을 통해서 낳았는데 이름을 '단', 억울함을 푸셨다고 짓는다. 또 낳아서 '납달리', 경쟁에서 이겼다! 그리고 자신이 낳은 아들 '요셉', 다른 아들을 달라! '베냐민'을 낳고는 슬픔의 아들이라고 짓는다. 열등감, 비교의식, 거절감으로 살아온 모습을 보인다.

모든 것을 가졌으면서도 왜 이렇게 살았을까? 아마도 아버지에 대한 분노와 언니 레아에 대한 열등감 때문이었을 것이다. 언니 레아를 자신이 사랑하는 야곱에게 먼저 준 라반에 대해서, 라헬은 분노를 가지고 있었다. 그러기에 결정적인 순간마다 라반을 향한 적대감이 표출되는 것을 볼 수 있다. 또한 결정적인 순간에 라헬은 레아에게 밀린다. 야곱과 결혼하려고 할 때도, 레아가 먼저 간다. 자녀도 레아가 먼저 낳는다. 많은 것을 가졌음에도 불구하고, 다른 이들을 향한 분노와 열등감, 비교의식으로 자신의 삶을 너무나 허비했던 것이다.

많은 사람들이 다른 이들과 비교하며, 열등감을 빠지고, 홀로 거절감을 느끼고, 그것으로 두려워하고, 분노하고, 죄책감을 가지며 살아간다. 보건복지부 조사에 따르면, 정신질환 치료를 받은 사람은 2005년 209만 명, 2006년 225만 명, 2007년 248만 명, 2008년 256만 명으로 꾸준히 늘어나고 있다. 2006년 통계에 따르면, 성인남자 3명중 한명이 정신질환을 겪었고, 6명 중 1명은 1년 이상 치료를 받았다고 한다.

완벽함을 추구하는 세대

TV광고에서 보여주는 완벽한 모습과 외모, 성공한 사람들의 모습을 보면서, 지금의 젊은 세대들은 자신에게 부족한 그 무엇인가를 메워 가려고 치열하게 살아간다. 서점에 가면, 자기 계발서로 가득한데, 내용 역시 대부분 자신의 약점이 성공의 한계를 결정짓기 때문에, 그것을 계발하고, 훈련을 해야 한다고 말을 한다. 요즘 젊은 세대는 무척이나 힘이 들고 바쁘다. 자신의 능력을 증명하기 위해, 부족함을 채우기 위해 열심히 살아간다.

혹시 '스펙 7종 세트'라고 들어봤는가? 지금 시대에 이 정도는 갖춰야한다는 경력리스트 같은 것인데, 즉 학벌, 학점, 토익점수, 인턴십 경력, 자격증, 봉사활동, 마지막으로 최근에 추가된 '성형'까지. 이 모든 것을 갖추기 위해, 고3으로 끝나는 것이 아니라, 대학생 때부터 다시 목숨 걸고 준비하며 살아가는 것이 우리 젊은 세대들의 모습이다. 옆 사람을 바라보고 있노라면, 내 자신이 너무 뒤처지는 것 같고, 쓸모없어 보이고, 무능해보이기에 쉬지 않고 달려간다.

부족함에 시달리는 예레미야

하나님의 부르심 앞에서 자신의 부족함과 연약함으로 힘들어하는 한 사람, 바로 예레미야 선지자이다. 하나님께서 혼란한 이스라엘 가운데, 하나님의 말씀을 전하기 위해서 예레미야를 부르셨다. 그런데 하나님의 그 부르심 앞에 너무나 보잘것 없고, 초라하고, 능력 없는 자신의 모습을 보며 아파하고, 부끄러워하는 예레미야를 본다.

6내가 이르되 슬프도소이다. 주 여호와여 보소서 나는 아이라 말할 줄을 알지 못하나이다 하니

말씀을 전하는 선지자로 부르셨는데, 정작 나에게는 그런 능력이 없는 것이다. 아직도 어리고, 말도 잘 할 줄 모르는 내가! 어떻게 그 하나님의 말씀을 전할 수 있느냐 고백하면서 슬퍼한다. 내가 잘하는 것도 아닌, 잘하지 못하는 그것을 위해 나를 부르셨다는 것이 너무 힘이 든 것이다. 부르심에 대한 감격보다는 왜 이렇게 나를 힘들게 하시냐! 하고 불평할 수도 있다.

우리는 이러한 경험을 자주 한다. 우리가 서 있는 삶의 자리에서, 내가 감당할 수 없는 업무나 위치, 섬김의 자리를 하나님께서 주실 때가 있다. 내가 능력이 있고, 감당할 자신감도 있다면, 기쁘고 감사한 마음으로, 당당하게 감당할 것이다. 하지만 나에게 그러한 능력도, 지혜도, 힘도 없음에도 부르시고, 맡겨주실 때는 감격과 기쁨보다는 너무나 큰 부담감을 먼저 느끼게 된다.

부족함을 메워 가려는 노력

물론, 부족함에도 하나님이 불러주셨기에, 기쁘고 감사한 마음으로 열심히 섬긴다. 이렇게 부족하고 연약함에도 불구하고!! 나를 사용하신다는 은혜의 고백이 입술에서 떠나지 않게 된다. 그러기에 더욱 기도하며 하나님 앞에 나아갈 때 은혜가 있다. 부족함을 넘어선 하나님의 일하심이 있다. 부족함이 하나님께 붙들릴 때! 더 이상 그것은 부족함이 아니라, 하나님의 능력이 된다.

그런데 때로는 부족한 부분을 채워가려고 열심히 하는데, 그럴수록 좋은 결과보다는 모든 관계가 깨어지고, 더욱 영적으로 지치게 되는 경우가 많다. 그런 인물이 바로 사울이다. 빼어난 인물과 겸손한 성격, 탁월한 능력의 소유자였음에도 불구하고, 사울에게는 열등감이 있었다. 그의 입술에 떠나지 않았던 말이 바로 '이스라엘 중에 가장 작은 지파인 베냐민지파. 그 지파의 모든 가족 중에 가장 미약한 자의 소생'이라는 말이었다. 겸손함이 아니라, 정말 자신에 대해서 그렇게 생각했고, 그러기에 유다지파였던 다윗과 끊임없이 비교했다. 그 부족함을 채우기 위해 더 열심히, 최선을 다해서 무엇인가를 하려고 할수록 사무엘과의 관계도, 다윗과의 관계도, 아들 요나단과의 관계도, 자신의 딸이었던 미갈과의 관계도 깨어지고 무너져버리게 된다.

도대체 무엇이 잘못되었는가? 어디가 잘못되었기에, 부족함에도 불구하고 불러주신 하나님께 감사하며, 부족함을 메꾸어 가려고 열심히 하는데, 왜 더욱 어려워지는 것인가? 다른 어떤 것을 잘못 생각하고 있는 것은 아닐까? 열심히 하는 것을 넘어서 다르게 봐야하는 것은 아닐까?

예레미야를 부르시는 하나님

혼란할 때는 우리를 부르신 하나님께로 다시 돌아가는 것이 중요하다. 하나님이 어떤 분이신지를 다시 기억하는 것이 중요하다. 거기서부터 시작해야한다.

하나님께서 예레미야를 부르신다.

5내가 너를 모태에 짓기 전에 너를 알았고, 네가 배에서 나오기 전에 너를 성별하였고, 너를 여러 나라의 선지자로 세웠노라 하시기로

하나님은 예레미야를 부르시면서 이렇게 말씀하신다. '내가 너를 지었다. 내가 너를 알았다. 내가 너를 구별하였다. 내가 너를 세웠다!' 하나님께서 예레미야를 그냥 세우신 것이 아니라, '하나님의 놀라운 섭리가운데 세우셨다' 는 것이다. 실수한 것도 아니고, 우연도 아니고!!! 하나님께서 준비하신 것이고, 계획하셨음을 보여주신다.

다시 말하면, 하나님께서 혼란한 이스라엘 가운데 당신의 말을 가장 잘 전할 선지자로 예레미야를 준비하셨다는 것이

며, 하나님께서 최고의 선택을 하셨다는 이야기이다. 바로 이것이 예레미야를 향한 하나님의 마음이다.

하나님의 뜻을 구하는 지점

그런데 하나님의 마음과 예레미야의 현실이 너무나 다르다. 말씀과 현실이 너무나 다르다. 우리가 주목해야 할 것은 바로 말씀과 현실이 만나는 바로 이 지점! 여기에서 우리는 하나님의 뜻을 찾아가야한다.

'하나님께서 최고의 선택을 하셨다'는 것과 '내 자신이 느끼는 부족함'이 충돌하는 바로 이 지점에 나를 향한 하나님의 뜻이 있으며, 나를 세우신 그 자리 바로 거기에 드러나기 원하시는 하나님의 영광이 있음을 기억해야 한다.

하나님께서는 최고의 선택을 하셨고, 예레미야는 아무 것도 할 수 없다고 말한다. 그러자 하나님께서 예레미야에게 이렇게 말씀하신다.

여호와께서 내게 이르시되 너는 아이라 말하지 말고, 내가 너를 누구에게 보내든지 너는 가며, 내가 네게 무엇을 명령하든지 너를 말할지니라 너는 그들 때문에 두려워하지 말라. 내가 너와 함께 하여 너를 구원하리라. 나 여호와의 말이니라 하시고 여호와께서 그의 손을 내 밀어 내 입에 대시며, 여호와께서 내게 이르시되, 보라 내가 내 말을 네 입에 두었노라 _렘 1:7-9

하나님께서 예레미야에게 내가 너에게 할 말을 줄 테니, 너는 있는 그대로 전하라는 것이다. 너의 말이 아니라, 나의 말을 가지고 어디든지 가라는 것이다. 너의 할 말은 내가 줄 터이니, 두려워하지 말고, 가라고 이야기하신다.

하나님께서 왜 예레미야를 택해서 부르셨는가? 왜 말을 못하는 예레미야에게 그 놀라운 사명을 맡기셨는가? 말을 잘하지 못하지만, 그럼에도 불구하고 너를 사용 할 테니까 열심히 해봐라! 이것인가?

부족하기에 부르신 것이다

아니다! 하나님께서 예레미야를 택하신 이유는 바로 예레미야가 말을 잘하지 못하기에, 무슨 말을 해야 할지 모르기에! 택하고 부르신 것이다. 말을 잘하는 사람은 언제나 자기의 말을 덧붙인다. 자기의 생각을 덧붙인다. 하지만 예레미야는 말을 잘못하기에, 자신의 말이 아니라 하나님의 말씀을 그대로 전할 수밖에 없었다. 그래서 하나님의 말씀을 전하는 온전한 통로가 될 수 있었던 것이다.

하나님께서 예레미야를 부르신 이유는 바로 예레미야가 그렇게 아파하며, 안타까워했던 이유! 자신이 부족하며 모자라다고 생각한 바로 그 이유 때문이다. 그 부족함으로 인해, 하나님의 말씀이 있는 그대로 전해질 수 있기 때문이다. 부족함은 철저하게 하나님을 드러낼 수 있는 곳이 된다.

여기서 우리가 한 가지 다르게 봐야 할 것이 있다. 부족함에도 불구하고 부르신 하나님의 은혜에 감격하며 감사해야한다.

그리고 부족하기에 부르셨음도 기억해야 한다. 완전하신 하나님, 실수하지 않는 하나님께서, 나를 바로 그 자리에 부르신 것은 부족함을 넘는, 부르심일 수 있음을 기억해야 한다. 부족함을 통해서 하나님께서 하실 일이 있다는 이야기다. 나의 장점, 나의 강점, 나의 능력만을 통해서 일하시는 것이 아니라, 나의 모든 것을 통하여 일하신다는 것이다.

그러기에 나의 부족함과 나의 연약함을 통해서도 일하실 수 있음을 알 때, 지금 이 자리에 부르신 진정한 이유를 알게 되는 것이다.

장점이 아니라, 약점이 주는 은혜

하나님께서는 우리의 장점을 통해서 일하신다. 우리에게 주신 은사와 능력을 통해서 멋지게 일하신다. 그런데 우리는 언제나 그 장점으로 넘어진다. 그 장점이 죄를 짓는 이유가 되고, 그 장점이 다른 이들에게 상처주는 이유가 된다. 그리고 그 장점으로 모든 관계를 깨뜨리는 이유가 되기도 한다.

똑똑한 사람은, 그 능력으로 멋지게 이 시대와 세상을 섬길 수 있다. 그러나 우리는 그 똑똑한 머리로 죄를 짓고, 그 똑똑한 머리로 다른 이들을 이용하며, 그 똑똑한 머리로 다른 이들에게 상처를 준다. 그러기에 장점은 너무나 지혜롭게, 절제하며 잘 사용해야 한다.

그런데 약점을 통해서도, 강점과 장점에서는 볼 수 없는 하나님의 일하심과 역사하심을 보게 된다. 때로는 더 깊고, 더 넓은 축복을 누리게도 된다.

모세의 장점은 이집트 궁궐에서 배운 탁월한 리더십과 국제 감각이었다. 그의 약점은 말을 잘하지 못하는 것이었고, 홀로 모든 것을 감당하려는 과도한 책임감을 갖고 있었다. 하나님은 그의 장점을 통해 이스라엘 주변 나라들을 살펴보면서, 이스라엘을 출애굽시킬 수 있었다. 그러나 그의 말하지 못하는 약점에는 아론을, 과도한 책임감에는 장인 이드로, 아론과 훌, 그리고 여호수아와 갈렙을 두심으로 공동체를 형성하게 하셨고, 이스라엘의 다음 세대를 준비하게 하셨다.

예수 그리스도의 생명의 역사는 강함에 있었던 것이 아니라, 바로 약함에 있었던 것이다. 하나님의 인간되심의 바로 그 약함을 통하여!! 자신의 모든 것을 내어줌으로, 무력하게 끌려 다님으로 십자가에 못 박히게 되셨을 때! 바로 그 자리에서 구원의 역사, 생명의 역사가 있었던 것이다.

부족함은 은혜의 통로

어니스트 커츠와 캐서린 케첨은 《불완전함의 영성》이라는 책에서 인간에게 가장 비극적인 실수는 에덴동산에서 뱀이 이야기한 '하나님과 같이 되어!' 완전하고자 했던 시도라고 말한다.

우리는 우리가 서 있는 삶의 자리에서 완벽해지려고, 완전해지려고 최선을 다한다. 때로는 그것이 너무나 멋진 결과를 가져오기도 하지만, 때로는 모든 관계를 깨뜨리기도 한다.

하나님께서 예레미야를 부르실 때 이렇게 말씀하신다.

내가 너를 지었다. 내가 너를 알았다. 내가 너를 구별하였다. 내가 너를 세웠다!

가장 최고의 선택을 하신 하나님께서 그 자리에 나를 세우셨다는 것은 나의 모든 것을 통하여 일하시겠다는 의미이다.

그렇다면, 우리의 부족함 앞에서, 그 부족함을 이겨내려고만 하는 것이 아니라, 그 부족함을 숨기고, 피하려고만 하는 것이 아니라, 바로 왜 그런 부족함을 가진 나를 이 자리에 부르셨는지, 내가 어떻게 반응하기를 원하시는지 하나님의 뜻을 구하는 것이 필요하다. 그 부족함 때문에 나를 부르셨을 수도 있음을 알아야한다.

인간이 가진 약함을 통해서 일하시는 하나님의 손길을 볼 수 있다.

나의 약함을 통해 하나님이 온전하게 드러나게 된다.

나의 약함을 통해 내 주위의 사람들이 세워진다.

나의 약함을 통해 함께 마음을 나누는 공동체가 만들어진다.

나의 약함을 통해 기도의 자리에 가게 된다.

나의 약함을 통해 다른 이들의 마음을 헤아리게 된다.

나의 약함을 통해 하나님의 나라를 기다리며 소망하게 된다.
나의 약함을 통해 진정한 하나님의 뜻이 이뤄지게 된다.

그리기에 사도바울은 이렇게 고백한다.

나에게 이르시기를 내 은혜가 네게 족하도다 이는 내 능력이 약한 데서 온전하여짐이라 하신지라 그러므로 도리어 크게 기뻐함으로 나의 여러 약한 것들에 대하여 자랑하리니 이는 그리스도의 능력이 내게 머물게 하려 함이라 _고후 12:9

사랑하는 청년들이여!
하나님께서 우리가 가진 장점으로, 달란트로, 능력 때문에 부르셨다. 그러기에 주신 자리에서 아름답게, 최선을 다해서 살아가야한다. 또한 우리 부족함 때문에 부르셨음도 기억하라! 우리의 부족함은 숨기고, 피할 것이 아니라, 그 부족함 가운데, 그 연약함 가운데 하나님께서 일하고 계심을 기억하며, 나의 부족함을 내어놓을 때! 그 부족함이 하나님께서 일하시는 생명의 통로, 능력의 통로가 될 것이다.

하나님께서 예레미야가 말할 줄 모르기에 부르셨다.

또한 우리 역시도 우리가 부족하기에, 우리가 서 있는 그 자리에 부르셨다. 그러기에 위축되거나, 숨기려 하지 말고! 하나님께 내어드리자! 하나님께서 우리를 그 자리에 세우신 것은 실수도, 실패도, 착각도 아니다.

삶의 자리에서 맡겨진 바로 그 자리에서 당당하자!

교회에서 맡겨진 바로 그 섬김의 자리도!! 나의 있는 모습 그대로 부르셨다.

하나님이 최고의 선택을 하셨다. 그러니 당당해라! 자신감을 가져라!

- 장점과 단점이라는 것은 우리의 생각에 불과하다.
- 하나님은 장점 때문에 부르셨고, 동시에 단점 때문에 우리를 부르셨다.
- 단점을 내어놓을 때, 하나님의 역사를 보고 누리게 된다.
- 하나님의 선택을 믿고 당당하고 자신감을 가져라.

7
평탄한 삶일수록 기도할 수밖에 없는 자리로 가라

1하가랴의 아들 느헤미야의 말이라 아닥사스다 왕 제이십년 기슬르월에 내가 수산 궁에 있는데 2내 형제들 가운데 하나인 하나니가 두어 사람과 함께 유다에서 내게 이르렀기로 내가 그 사로잡힘을 면하고 남아 있는 유다와 예루살렘 사람들의 형편을 물은즉 3그들이 내게 이르되 사로잡힘을 면하고 남아 있는 자들이 그 지방 거기에서 큰 환난을 당하고 능욕을 받으며 예루살렘 성은 허물어지고 성문들은 불탔다 하는지라 4내가 이 말을 듣고 앉아서 울고 수일 동안 슬퍼하며 하늘의 하나님 앞에 금식하며 기도하여 5이르되 하늘의 하나님 여호와 크고 두려우신 하나님이여 주를 사랑하고 주의 계명을 지키는 자에게 언약을 지키시며 긍휼을 베푸시는 주여 간구하나이다 6이제 종이 주의 종들인 이스라엘 자손을 위하여 주야로 기도하오며 우리 이스라엘 자손이 주께 범죄한 죄들을 자복하오니 주는 귀를 기울이시며 눈을 여사사 종의 기도를 들으시옵소서 나와 내 아버지의 집이 범죄하여 7주를 향하여 크게 악을 행하여 주께서 주의 종 모세에게 명령하신 계명과 율례와 규례를 지키지 아니하였나이다 8옛적에 주께서 주의 종 모세에게 명령하여 이르시되 만일 너희가 범죄하면 내가 너희를 여러 나라 가운데에 흩을 것이요 9만일 내게로 돌아와 내 계명을 지켜 행하면 너희 쫓긴 자가 하늘 끝에 있을지라도 내가 거기서부터 그들을 모아 내 이름을 두려고 택한 곳에 돌아오게 하리라 하신 말씀을 이제 청하건대 기억하옵소서 10이들은 주께서 일찍이 큰 권능과 강한 손으로 구속하신 주의 종들이요 주의 백성이니이다 11주여 구하오니 귀를 기울이사 종의 기도와 주의 이름을 경외하기를 기뻐하는 종들의 기도를 들으시고 오늘 종이 형통하여 이 사람들 앞에서 은혜를 입게 하옵소서 하였나니 그 때에 내가 왕의 술 관원이 되었느니라 _느헤미야 1:1-11

바닥을 모르는 인생

2010년 2월에 이런 신문기사가 났다. 이명박 대통령이 청년 실업 문제와 관련해서 "정부가 만드는 (취업정책) 자료들을 보면, 절박함이 느껴지지 않고, 구태의연하다는 생각이 들 때가 있다"면서 "아마도 한 번도 일자리 걱정을 안 해 본 엘리트들이 (보고서를) 만드는 것이 아닐까 생각된다. 정책을 위한 정책, 보고를 위한 보고서는 절박한 사람들을 더 답답하게 할 뿐이며, 일자리를 찾으려는 절박한 사람들 심정으로 정책을 만들어줬으면 한다."

한국사회는 시간이 갈수록 빈익빈 부익부 현상이 더해져가고 있다. 그것은 교육의 기회 역시도 마찬가지다. '개천에서 용난다'라는 말은 더 의미가 없어졌다. 그러기에 좋은 집안에서 잘 자란 사람이, 더 잘 성장하는 것은 어쩌면 너무나 당연한 것처럼 한국사회에서는 받아들여지고 있다. 좋은 환경에서, 배경에서 어려움 없이 살아오는 이들이 주류사회로 등장하게 된다.

그렇다! 지금 이미 주어진 축복! 그것을 잘 누리는 것은 너무나 중요하다. 그러나 크리스천 청년들에게는 이것이 전부가 아님을 기억해야 한다. 위의 기사를 보면서, 더 깊이 생각해야 할 것이 있다.

크리스천 청년들이여 기억하라!

청년의 때에 벌써부터 평탄함과 안락함을 찾으려고 하지마라. 그것에 안주하려 하지마라. 하나님께서 더 멋진 것을 기대하며 준비하고 계신데, 지금 눈앞에 있는 것에 만족하며 머물러 있지 마라. 일찍 핀 꽃은 일찍 지게 되어 있다.

평탄함과 안락함은 언제나 독이 되거나, 썩기 마련이다. 그 자리에 머무르고 주저앉아 있으면 반드시 변질되게 되어 있다. 평탄함 가운데에서도 치열함을 잃지 않도록 노력할 때 비로소, 영적 건강함을 잃어버리지 않는다.

내가 서 있는 그 자리에 익숙함이 아니라, 늘 새로움을 감당할 수 있도록 시도하고 노력하라. 때로는 약간의 '낯설음'을 통하여 자신의 삶을 바라볼 필요가 있다. 그럴 때 새로운 관점이 주어지기 때문이다.

아브라함에게 주신 축복의 의미

하나님께서 아브라함에게 복을 주시면서 기대하셨던 것은 바로 너를 통하여 모든 열방이 복을 받게 될 것이라는 축복이었다.

내가 너로 큰 민족을 이루고 네게 복을 주어 네 이름을 창대하게 하리니 너는 복이 될지라. 너를 축복하는 자에게는 내가 복을 내리고 너를 저주하는 자에게는 내가 저주하리니 땅의 모든 족속이 너로 말미암아 복을 얻을 것이라 하신지라 _창 12:2-3

이 본문에는 두 가지 메시지가 있다.

첫째, 축복에는 이유가 있다는 것이다. 하나님께서 복을 주시는 것은 단순하게 나 한사람만을 위한 것이 아니다. 하나님은 우리를 복Blessing 그 자체, 즉 복의 시작이라고 말씀하신다. 그렇다면 세상이 복을 누리려면 우리가 먼저 그 복으로 세상을 축복을 해야, 복이 시작된다. 우리가 세상을 축복하지 않을 때, 세상은 복을 가질 수 없기 때문이다. 왜냐하면 복의 시작이 바로 우리이기 때문이다. 그러기에 이 시대의 죄악과 아픔이 가득할 때 크리스천들은 회개해야 한다. 하나님앞에 나아가야한다. 왜냐하면 우리가 이 땅을 축복하지 않았기 때문이다. 이 땅가운데 복을 흘려보내지 않았기 때문이다.

그래서 나는 해외아웃리치를 갈 때마다, 그 땅을 바라보며 축복한다.

주 너를 보호하시고 널 붙드시고, 너는 보배롭고 존귀한 주의 자녀라
주 너를 보호하시고 널 붙드시고, 너는 보배롭고 존귀한 주의 자녀라

둘째, 축복에는 방향이 있다는 것이다. 내가 누리는 축복은 나에게서 머물게 하면 안 된다. 머물면 썩는다. 이것이 어디로 향해야하는지 늘 영적으로 깨어 있어야 한다. 어디로 향해야 하고, 누구에게 향해야하는지에 대한 민감함이 필요하다. 그래서 선교단체에서 플로잉 flowing이라는 것이 있다. 지금 내가 갖고 있는 것을 필요로 하는 누군가에게 흘려보내는 것이다. 복을 흘려보내는 것이다. 그럴 때 하나님의 생명의 흐름이 더 풍성한 열매를 맺을 수 있다.

크리스천 청년들은 축복의 이유와 방향을 잘 봐야한다. 왜냐하면 그것이 비전이 되기 때문이다. 하나님의 마음이 담겨진 곳에 너를 통하여 복을 주시려고 하는 것이기 때문이다. 청년들이 나에게 '비전이 무엇인가' 물을 때 가장 쉽게 대답하는 것은 이것이다. '너로 인해 누군가 복을 받는 것' 그것이 비전이다! 너만이 잘되는 것이 아니라, 너로 인해 누군가가 혜택을 보고, 덕을 보게 하는 것! 바로 그것이 비전이라는 것이다.

그러기에 크리스천은 하나님의 눈물이, 나의 눈물이 되어야 하며, 하나님의 기쁨이 나의 기쁨이 되어야 하며, 하나님의 아픔이 나의 아픔이 되어야 한다. 그럴 때 우리는 이 땅 가운데 하나님의 나라를 세워갈 수 있는 것이다.

두 가지 경험을 하라

그러기에 청년의 때는 두 가지 경험이 삶을 변화시키고 도전을 준다.

하나는 정상을 가보라. 내 분야의 최고가 있는 곳에 가서 직접 경험하고, 또 정상에 있는 사람을 만나 보라. 그곳을 가보고, 그 사람을 만나려고 해보라. 그곳에서 말할 수 없는 충격과 도전을 받게 될 것이다. 탁월함이 무엇인지, 차원이 다른 것이 무엇인지를 경험하게 된다. 내가 얼마나 좁은 시야로 살아왔고, 게으르게 살아왔는지 깨닫게 된다. 내 시야와 관점의 폭을 넓게 해준다.

다른 하나는 바닥을 가보라. 내 분야의 시작점. 혹은 모두가 가기 싫어하는 곳을 경험해 보라. 정상과 마찬가지로 말할 수 없는 충격과 도전을 받게 될 것이다. 그리고 또 다른 의미의 바닥을 가보라. 가장 가난한 곳, 가장 혜택을 받지 못하는 곳, 가장 어려운 사람을 만나보라. 바로 거기에서 새로운 비전과 소명과 부르심을 경험하게 될 것이다. 그러기에 청년의 때에 국내외 선교와 봉사를 다녀보는 것은 의미가 있다. 단순하게 그 나라에 가서 봉사하는 의미를 넘어선, 바로 인간이 살아가는 삶의 바닥을 경험하고 보게 된다. 그러면 나에게 가진 것이 무엇이며, 내가 무엇을 할 것이며, 어떻게 살아갈 것인지에 대한 새로운 방향성과 부르심을 갖게 된다.

탁월한 리더가 되려면

특별히 자신의 분야에서 최고와 최저를 경험해보라. 그럴 때 자신의 분야를 더 깊고, 넓게 바라보며, 이해할 수 있다. 왜 엘리트들이 탁월한 정책을 내놓지 못하는가? 사람들의 현실과 동떨어진 이야기를 계속 하는가? 그들이 바닥을 가보지 않았기 때문이다. 다른 사람들의 눈물이 무엇인지, 아픔이 무엇인지, 현실이 무엇인지 모르기에 머리로 살아갔기 때문이다. 그들의 정책이 정답이 될 수는 있을지 모르지만, 해답이 될 수 없는 이유이다.

특별히 이 시대를 향한 꿈을 꾸는 청년들이여!
내 분야에 바닥을 가보라! 그 자리에 어떠한 아픔과 눈물과 상함이 있는지 바라보라. 그리고 그것을 가슴에 품고 살아가라! 그리고 그들의 마음을 헤아리며, 만져줄 수 있는 아름다운 비전과 꿈을 갖고 실행으로 옮겨라.

자신의 위치를 버릴 수 있는 마음

느헤미야라는 인물의 지위는 왕의 술관원이었다. 지금의 비서실장 정도의 위치이다. 독살사건이 많이 일어났기에, 왕이 가장 신뢰하는 사람을 세우는 것이 보통이었다. 페르시아에서 안정된 자리, 위치를 갖고, 평안히 살아갈 수 있는 그에게 새로운 소식이 들렸다.

> 내 형제들 가운데 하나인 하나니가 두어 사람과 함께 유다에서 내게 이르렀기로 내가 그 사로잡힘을 면하고 남아 있는 유다와 예루살렘 사람들의 형편을 물은즉 그들이 내게 이르되 사로잡힘을 면하고 남아 있는 자들이 그 지방 거기에서 큰 환난을 당하고 능욕을 받으며 예루살렘 성은 허물어지고 성문들은 불탔다 하는지라 _1:2-3

잘되어야 하는 이유를 가진 인생

느헤미야는 여기에서 자신의 민족을 위해 자신이 누리고 있는 위치를 내려놓을 각오를 한다. 편안함의 자리에서 기도할 수밖에 없는 자리로 향하여 나아간다. 그리고 하나님을 향하여 기도를 시작한다.

11오늘 종이 형통하여 이 사람 앞에서 은혜를 입게 하옵소서 하였나니

느헤미야는 충분히 편안하고 안락한 삶에서 다시금 기도를 시작하며 하나님 앞에 나아간다. 다름 아닌 이스라엘을 위해서 자신이 잘되어야 하고, 성공해야 할 이유를 가지고 하나님 앞에 선 것이다. 나를 위해서가 아니라, 바로 이스라엘을 향한 기도를 시작한 것이다. 느헤미야는 분명하게 내가 왜 잘되어야 하는 이유를 가진 인생으로 다시금 시작한 것이다.

사랑하는 청년들이여!
그대들이 잘 되어야 하는 이유를 가졌는가? 내가 성공해야 할 이유는 가졌는가? 그것을 하나님 앞에 내어드리며 자신 있게 이야기할 수 있는가?
하나님 앞에서 내가 잘되어야 할 이유를 가진 인생은 당당하다. 행복하다. 강력하다. 그 당당함은 바로 내 자신이 아니라, 다른 누군가를 향하여 가진 것이기 때문이다. 그러기에 하나님 앞에 요청할 수 있는 것이다. 그리고 바로 그것이 비전이기 때문이다.

바닥을 향하여 걸어가는 자신감

느헤미야는 자신이 누리는 평탄함과 지위를 버리고, 고난과 어려움의 자리를 향한다. 기도할 수밖에 없는 자리로 향하는 것이다. 바닥을 향하여 걸어가는 자신감! 바로 이것이 청년들에게 있어야 할 자신감이며 당당함이다.

내가 하나님의 사람이며, 성령이 나와 함께 하시며, 나와 동행하시는데, 무엇이 두렵고, 무엇이 염려되는가? 왜 나의 경험과 지식의 한계로, 하나님을 규정짓는가?

이스라엘 백성들은 하나님께서 자신들을 버렸다고 생각했다. 자신들을 더 이상 기억하지 않으시며 하나님께 잊혀졌다고 생각했다. 그런데 하나님 이렇게 말씀하신다.

너희는 이전 일을 기억하지 말며 옛날 일을 생각하지 말라. 보라 내가 새 일을 행하리니 이제 나타낼 것이라 너희가 그것을 알지 못하겠느냐 반드시 내가 광야에 길을 사막에 강을 내리니 장차 들짐승 곧 승냥이와 타조도 나를 존경할 것은 내가 광야에 물을, 사막에 강들을 내어 내 백성, 내가 택한 자에게 마시게 할 것임이라. 이 백성은 내가 나를 위하여 지었나니 나를 찬송하게 하려 함이니라

_사 43:18-21

우리는 불평한다. 왜 우리가 사막에 있냐고! 왜 우리가 광야에 있냐고! 왜 우리를 이 자리로 이끌어오셨느냐고 하나님을 향하여 원망한다.

하지만 이 말씀을 이렇게 바라보자! 하나님께서 우리에게 이렇게 말씀하신다. 광야에 있느냐? 염려마라. 내가 광야에 물을 댈 것이다. 사막에 있느냐? 염려마라. 내가 사막에 강들을 낼 것이다. 네가 어디에 있는지 내가 그곳에서 새 일을 행하리라! 얼마나 멋진 하나님의 선포인가! 우리의 문제는 장소의 문제, 상황의 문제가 아니라, 믿음의 문제이다.

사랑하는 청년들이여!

하나님이 우리와 함께 계심을 믿는다면, 바닥을 향하여 나가는 것을 두려워하지 말아라. 어려운 곳을 향하여 나가는 것을 겁내지 말아라. 왜냐하면 그대로 인하여 광야에 물이 흐를 것이며, 사막에 강이 생길 것이기 때문이다. 절망의 자리에서 희망을 볼 것이며, 눈물의 자리에서 기쁨의 찬양을 드릴 것이기 때문이다. 당당해라! 자신감을 가지라! 어려운 곳을 향하여 나아가는 것을 두려워하지 마라.

그 땅에 놀라운 생명의 역사가 있을 것이다.

- 바닥을 경험할 때, 따뜻한 리더로 이 땅 가운데 세워진다.
- 하나님 앞에서 성공해야 할 이유를 가진 인생으로 살아가라.
- 하나님을 향한 믿음은 바닥을 향하여 당당하게 나아가게 한다.

ize # 8
너를 믿기에 맡기신 것이다

1또 하루는 하나님의 아들들이 와서 여호와 앞에 서고 사탄도 그들 가운데에 와서 여호와 앞에 서니 2여호와께서 사탄에게 이르시되 네가 어디서 왔느냐 사탄이 여호와께 대답하여 이르되 땅을 두루 돌아 여기 저기 다녀 왔나이다 3여호와께서 사탄에게 이르시되 네가 내 종 욥을 주의하여 보았느냐 그와 같이 온전하고 정직하여 하나님을 경외하며 악에서 떠난 자가 세상에 없느니라 네가 나를 충동하여 까닭 없이 그를 치게 하였어도 그가 여전히 자기의 온전함을 굳게 지켰느니라 4사탄이 여호와께 대답하여 이르되 가죽으로 가죽을 바꾸오니 사람이 그의 모든 소유물로 자기의 생명을 바꾸올지라 5이제 주의 손을 펴서 그의 뼈와 살을 치소서 그리하시면 틀림없이 주를 향하여 욕하지 않겠나이까 6여호와께서 사탄에게 이르시되 내가 그를 네 손에 맡기노라 다만 그의 생명은 해하지 말지니라 _욥기 2:1-6

아들의 질문

최근에 아들에게 자전거를 가르쳐 주었다. 동네 공원에서 처음으로 두 발로 타는 것을 가르쳐줬는데, 화단에 부딪치고, 모래밭에 구르고, 무릎을 다치기도 했다. 그 와중에 공원에서 데이트를 즐기는 커

풀들을 습격하기도 하고, 급기야 다리를 절뚝거리며 학교 가는 상황까지 생겼다. 쉬는 날 오후에 아들과 함께 한강고수부지에 자전거를 타러 갔다. 처음 주행하는 것이고, 고수부지에 빨리 달리는 사람들이 많아서 아들을 먼저 보내고, 나는 뒤에서 따라갔다. 그런데 아들이 앞에 가면서 나에게 계속 묻는다. "아빠! 뒤에 있지요?", "아빠! 뒤에 따라오지요?", "응! 아빠 있어~ 염려하지 말고 가!" 그러면서 앞으로 더 열심히 달려가는 것이다.

일반적인 믿음의 상호성

아들이 나에게 계속 물어보는 질문! "아빠! 뒤에 있지요~ 아빠 뒤에 따라오지요?" 그 말을 들으면서, '믿음'이라는 것을 다시 한 번 생각하게 되었다. 믿음은 무엇일까? 믿음은 '일방적'인 것이 아니라, '상호적'이다.

모든 관계는 상호적이다. 믿음이라는 것도 상호적 관계임을 기억할 때, 더 잘 이해하며, 하나님의 마음을 더 깊이 알게 된다. 신앙에서 쓰이는 '믿음'이 아니라, 보통 우리 삶에 쓰이는

'믿음'이라는 말도 '일방적'이지 않고 '상호적'이다.

내가 지금 '땅이 무너지지 않을 것을 믿는다'고 아무리 말해도! 그것이 '믿음'은 아니다. 이것은 '믿음'의 문제라기보다, 지금까지 무너진 적이 없는 '경험과 확률의 문제'이다. 무너지지 않을 것이라 생각하고, 지금 이 자리에 올라와 있는 것이다. '땅이 무너지지 않는다'는 것이 진정한 '믿음'이 되려면 땅을 살펴보고, 하나하나 모든 것을 체크하면서, 안전하다고 확인될 때, 비로소 믿음이라고 말할 수 있다. 대상이 얼마나 믿을만한 것인지, 대상에 대한 얼마나 많은 정보를 갖고 있느냐가 믿음의 질을 결정한다.

그러기에 믿음은 '믿음의 대상을 통해서' 현실과 현상을 보게 한다. 나에게 땅이 무너지지 않을 것이라는 믿음이 있다면, 다른 누가 아무리 뭐라고 해도, 나는 땅에 발을 딛고 서게 된다. 믿음의 대상을 알면, 눈에 보이는 것이, 들리는 것이 전부가 아님을 알게 되고, 눈에 보이는 것으로 흔들리지 않는다. 왜냐하면 믿음의 대상을 잘 알기 때문이다.

얼마 전 잠실 농구장에 농구를 보러 간적이 있다. 농구장에 도착했을 때, 경기장 주변에서 사람들이 웅성대면서, 항의를 하고 있었다. 알고 보니 그 경기가 결승전이라 표가 모두 매진이 되었다는 거다. 하지만 그 분위기와 상관없이 매표소 쪽으로 가니까, 사람들이 표 없어 못산다고, 가도 소용없다고 했다. 그런데 나는 아랑곳하지 않고 꿋꿋하게 경기장입구 매표소까지 갔다. 그리고 표를 받고, 유유히 경기장 안으로 들어갔다. 어떻게 들어갔을까? 사실 그날 아는 청년이 '농구경기 티켓'을 준다고 해서 보러 갔었고, 나에게 표를 주기로 한 청년이 바로 '표를 판매하는, 매표소의 책임자'였기 때문에 어려움 없이 경기장으로 들어갈 수 있었다. 그 청년이 내 티켓을 미리 준비해 두었던 것이다.

남들이 아무리 표가 없다고 해도, 소용없다고 해도, 그 사람들의 말이 들리지 않는다. 왜! 내가 믿는 대상은 바로 표를 가지고 있는 그 사람이기 때문이다. 믿음의 대상을 알면, 누가 아무리 뭐라 해도, 눈에 보이는 것, 어떠한 상황에도 중심이 흔들리지 않는다.

나에게 믿음이 없는 것은 바로 상대를 '잘 모르기' 때문이다. 상대에 대한 지식과 정보가 있을수록 더 믿음을 가질 수 있다. 상대에 대한 지식과 정보가 없는 '믿음'은, '믿음'의 진정한 의미와는 전혀 동떨어진 자기 확신, 자기 신뢰에 불과한 것입니다. 믿음의 대상과는 상관없이 나만 믿고 있는 것이다.

신앙에서 쓰이는 믿음

그런데 이것은 신앙에서 쓰이는 '믿음'에서도 해당된다. 우리 믿음의 대상이 누구인가? 바로 '하나님'이시다. 하나님이 어떤 분이신지 모르고, 나 혼자 믿는다고 말하는 것은 믿음이 아니라, 자기 확신이다. 그러기에 믿음의 대상이신 하나님이 어떤 분이신지 얼마나 많이 아느냐가 중요하다. 왜냐하면 많이 알수록 하나님을 누릴 수 있기 때문이다. 바꿔 말하면, 모르면 누리지 못한다.

하나님을 모르면, 하나님을 누리지 못한다. 하나님을 모르면, 우리의 믿음이 빈약해진다. 하나님을 모르면, 하나님을 통해서, 지금 내 상황, 현실을 보지 못한다. 그저 우리 생각, 우리 경험 안에서 바라보며, 집착하고, 매달리게 된다.

하루는 아이들과 함께 할아버지 집에 갔다. 즐거운 시간을 보내고, 집으로 돌아가려 인사드리는데, 할아버지가 아이들에게 만원씩 용돈으로 주셨다. 돌아오는 차안에서, 모든 부모들이 자녀들에게 하는 그 레퍼토리대로 했다. "얘들아! 아빠가 보관해줄게, 만원 주라!" 그랬더니 아이들이 이제 돈에 대한 개념이 생기기 시작해서, 싫다고 울며 자기들이 갖고 있겠다고 하는 거다.

나는 뭐 어떻게 할 도리가 없어서, "그래그래~ 다 가져가져~" 그랬다. 그런데 아내가 옆에서 웃더니, 천 원짜리 두 장을 들고 아이들에게 이렇게 말하는 거다. "얘들아~ 엄마가 두 장 줄게, 한 장이랑 바꾸자!" 맙소사! 아이들은 좋다고 신나하면서 바꿨다.

이것이 우리의 모습이다. 더 큰 가치가 있음에도, 눈에 보이는 것이 전부이며, 어떤 것을 선택하고, 결정할 때 우리의 변수는 언제나 눈에 보이는 한두 가지! 이것 아니면 저것이다. 그것을 놓고 기도하고, 그것을 달라고 한다. 그리고 내 생각과 기도대로 이뤄지지 않으면 우리는 실망하고 낙심을 한다. 그런데 성경은 하나님의 마음을 이렇게 말씀하신다.

> 사람이 무엇이기에 주께서 그를 생각하시며, 인자가 무엇이기에 주께서 그를 돌보시나이까? _시 8:4

'생각하다/돌보다'는 것은 '내 자녀에게 어떤 것이 가장 좋은 것일까? 어떤 것이 가장 유익한 것일까' 고민하는 부모의 마음을 표현하는 단어이다. 우리는 눈앞에 있는 이것, 저것만을 붙들고 살아가지만, 하나님은 우리 인생의 전체를 바라보시며, 가장 좋은 것이 무엇인지 고민하며 우리를 인도하고 이끌어가고 계신다. 그러기에 하나님을 알수록, 그분이 행하시는 놀라운 일들에 대한 기대하는 마음이 생긴다. 그분을 알수록, 더욱 하나님을 향한 믿음이 굳건해지는 것이다.

나의 믿음이 흔들릴 때

우리에게 믿음이 있음에도 불구하고, 우리의 신앙과 믿음이 흔들릴 때가 있다. 도저히 이해할 수 없는 일들이 우리에게 일어날 때, 우리가 가진 믿음과 신앙은 혼란을 겪으며, 흔들리기 시작한다. 내가 도대체 뭘 잘못 했기에, 이런 고난과 어려움과 시련을 겪게 하시는가? 내가 왜 이것을 감당해야 하며, 왜 이것이 다른 사람도 아닌 나에게, 혹은 나의 가정에 일어나는가.

또한 우리의 기대가 무너질 때가 있다. 그토록 열심히 공부한 내가 왜 대학을 떨어져야 하는가! 그토록 열심히 기도하며 회복될 것을 굳게 믿었는데, 어떻게 이럴 수 있는가?
도대체 내가 뭘 잘못했고, 내가 어떻게 해야 하고, 무엇이 문제인지 고민하게 된다. 아니 근본적으로 정말 하나님이 선하시고, 좋은 분이신지 의심하게 된다.

고난에 대한 다른 이들의 해석

욥은 자신의 자녀와 재산, 모든 것을 잃어버린다. 지금까지 그토록 신실하게 하나님을 예배하며, 경건하고 거룩하게 살아왔다. 욥기 1장에 보면, 죄를 범하여 마음으로 하나님을 욕되게 할까 두려워하며, 번제를 드리며 살아온 욥에게 너무나 엄청난 재앙이 닥친 것이다. 도저히 이해할 수도, 납득 할 수도 없는 일이 생겼다. 아니 어떻게 해도 설명할 수 없는 상황이 된 것이다.

그리고 욥기의 뒤편에는 많은 사람들이 '욥의 고난에 대해 해석'을 해주려고 한다. 고난을 당하는 사람에게 제일 조심해야 할 것은 바로 '고난을 해석해주는 것'이다. 욥은 친구들이 해주는 그 해석으로 인해 더 아파하며, 힘들어한다. 고난의 의미는 다른 사람이 말해주는 것이 아니라, 스스로 깨달아질 때 의미가 생긴다. 다른 누군가가 해석을 할 때, 그것은 정죄가 되며, 비난이 될 소지가 있기에, 고난을 당하는 사람에게 우리가 해줄 수 있는 가장 큰 위로는 바로 옆에서 함께 아파하며, 울어주며, 그 시간을 함께 해주는 것이다.

만약, 우리가 욥의 상황이 되면, 우리는 하나님께 항변할 것이다.

하나님! 이게 뭡니까? 도대체 내가 이렇게 신실하게 살아오려고 했는데, 이게 뭡니까? 나의 열심과 나의 섬김과 나의 헌신이 도대체 무슨 의미가 있었습니까? 그러면 도대체 나의 믿음은 무엇입니까? 하나님이 선한 분이시며, 좋은 분이시며, 가장 좋은 것들로 채워주시는 분이라는 믿음은 어떻게 되는 것입니까?

어쩌면 이것은 우리의 삶 가운데 끊이지 않는 질문이기도 하다. 하박국 선지자 역시도, 이 땅에 가득한 악을 보면서, 하나님이 정말 살아 계시냐고, 하나님이 정말 통치하시냐고! 하나님의 공의가 어디 있냐고 외치는 것을 볼 수 있다.

욥의 고백

이런 모든 재앙과 고난 속에서도 욥은 이런 믿음의 고백을 한다.

> 이르되 내가 모태에서 알몸으로 나왔사온즉 또한 알몸이 그리로 돌아가올지라. 주신 이도 여호와시오, 거두신 이도 여호와시오니, 여호와의 이름이 찬송을 받으실 지니이다 하고 이 모든 일에 욥이 범죄

하지 아니하고, 하나님을 향하여 원망하지 아니하니라 _1:21-22

자신의 모든 것을 잃어버린 상황에서, 그것을 주신 이도 하나님이시며, 거두신 이도 하나님이라고 고백하며 하나님을 찬양한다. 눈에 보이는 현상이 아니라, 내가 지금 당하고 있는 처참한 현실이 아니라, 바로 끊임없이 하나님을 바라본다. 눈앞에 보이는 사실이 아니라, 믿음의 대상을 바라보며 고백한다.

왜 아프지 않았겠는가? 왜 힘들지 않았겠는가? 왜 낙심하며 절망하지 않았겠는가? 그럼에도, 그것을 넘어 내가 고백하는 믿음의 대상을 바라보는 것이다. 욥은 자신만이 고백할 수 있는 '하나님 고백'을 하는 것이다.

나만이 할 수 있는 하나님 고백

신앙은 결국 내가 하나님을 어떻게 고백하느냐는 것이다. 단순하게 내 머리에서 나오는 지식이 아닌, 내 입술로 하는 지식이 아닌, 책에서 보고, 설교에서 들은 이야기가 아닌, 나의 부모님이 이야기하신 하나님이 아닌! 바로 나만이 고백할 수 있는 하나님에 대한 고백이 있어야한다.

'신실하신 하나님'이라고 모두가 말을 하지만, 신실하신 하나님을 경험한 사람의 고백은 다르다. '전능하신 하나님'이라고 모두가 말은 하지만, 전능하신 하나님을 경험한 사람의 고백은 다르다. '사랑의 하나님'이라고 말하지만, 사랑의 하나님을 경험한 사람의 고백은 그 무엇과도 비교할 수 없는 감동과 말의 능력이 있다.

도대체 욥은 '무엇을 보았기에' 이런 고백을 할 수 있었을까? 도대체 하나님의 어떤 마음을 알았기에, 처참한 현실과 상황에서도 이런 놀라운 믿음의 고백을 할 수 있었을까? 욥이 봤던 것을 우리도 본다면, 욥이 알았던 하나님을 우리가 알고 고백한다면, 고난과 절망과 탄식 앞에서 이런 믿음의 고백을 우리도 할 수 있지 않을까? 어두움에 파묻히지 않고, 다시 시작할 수 있지 않을까?

하나님의 자랑

욥기 1장에서 사탄은 하나님께 '욥의 모든 소유물을 빼앗으시면, 틀림없이 주를 향하여 욕할 것'이라고 말을 하자, 하나님께서 '내가 그의 소유물을 다 네 손에 맡기노라'라고 하시며 욥의 고난을 허락하신다. 2장에서 그 사탄이 다시금 하나님 앞에 왔을 때, 하나님께서 이렇게 말씀하신다.

3여호와께서 사탄에게 이르시되 네가 내 종 욥을 주의하여 보았느냐. 그와 같이 온전하고 정직하여 하나님을 경외하며 악에서 떠난 자가 세상에 없느니라. 네가 나를 충동하여 까닭 없이 그를 치게 하였어도 그가 여전히 자기의 온전함을 굳게 지켰느니라

하나님께서 사탄에게 이렇게 물으신다. 내 종 욥을 주의하여 보았느냐? 어떤 의미일까? 하나님 말씀의 뉘앙스가 느껴지는가? 하나님께서 사탄에게 '자랑' 하시는 것이다. 내 종 욥을 봤느냐? 너는 욥이 나를 버릴 것이라고 했지만, 욥은 나를 경외하며 악에서 떠난 자였다. 아무 이유도 모르는 고난을 당했지만,

그는 자기의 온전함을 굳게 지켰다!라고 사탄을 향하여 '자랑'
하시는 거다.

다른 말로 바꿔보자. 거봐라! 내 말이 맞지 않냐? 나는 욥이 아무리 고난을 당하고, 그의 모든 소유물이 없어질지라도, 나를 떠나지 않을 것을, 나를 버리지 않을 것을 믿었다. 나는 욥이 그 모든 상황을 이겨낼 것이라고 믿었다. 그래서 허락한 거다. 내 말이 맞지 않느냐!! 사탄 너는 틀렸다!!!

욥을 향해 가슴 조리며 바라보시다가, 그 멋진 결론에 감격하며, 사탄에게 자랑하시는 하나님의 모습이시다.

우리를 향한 하나님의 믿음

우리는 언제나 하나님을 향한 우리의 믿음만을 이야기한다. 그러기에 우리의 믿음과 기대가 무너지면, 흥분하고, 실망하고, 좌절하며 하나님을 원망하며, 의심한다.

하나님께서 나에게 어려움과 고난과 힘든 일을 주시는 것은 무엇을 의미하는가? 욥기 가운데 드러나는 '하나님의 마음'은 무엇인가? 우리의 원망과 불평과 탄식에 앞서서, 나를 향한, 우리를 향한 하나님의 마음은 무엇인가?

'내가 너를 믿어!' 바로 이것이 욥을 향한, 우리를 향한 하나님의 믿음이다. 내가 너를 믿는다! 이유를 알 수 없고, 까닭을 알 수 없을지라도, 그 고난과, 그 어려움과 그 절망을 잘 이겨낼 것이라 믿는다. 그러기에 그 자리를, 그 위치, 그 어려움을 맡긴 거다! 너라면 할 수 있다고 믿었기에, 너라면 이겨낼 수 있으리라 믿었기에 허락한 거다! 바로 우리를 향한 하나님의 믿음이셨던 것이다.

> 사람이 감당할 시험 밖에는 너희가 당한 것이 없나니 오직 하나님은 미쁘사, 너희가 감당하지 못할 시험 당함을 허락하지 아니하시고, 시험당할 즈음에 피할 길을 내사 너희로 능히 감당하게 하시느니라
> _고전 10:13

감당할 시험이기에… 네가 이겨낼 것이라고 믿기에, 네가

견뎌낼 것이라 믿었기에… 내가 너를 믿기에~! 바로 이것이 우리를 향한 하나님의 믿음이다. 욥은 선하신 하나님을 향한 믿음이 있었고, 하나님은 이해할 수 없는 고난과 어려움을 이겨낼 것이라는 욥을 향한 믿음이 있으셨던 것이다. 욥기는 바로 하나님을 향한 욥의 믿음! 그리고 욥을 향한 하나님의 믿음을 보여주는 것이다.

사랑하는 청년들이여!

지금 고난의 자리에 있는가? 상함과 어려움과 절망의 자리에 있는가? 왜 내가 이런 힘듦과 어려움을 감당해야 하는지, 언제까지 해야하는지… 포기하고, 그만두고 내려두고 싶은 마음이 드는가? 끊임없이 그 이유를 묻는가?

그 모든 이유와 상황에 앞선 하나님이 우리에게 이렇게 이야기하신다.

내가 너를 믿는다~ 너이기에 맡긴 것이다. 너이기 부탁한 것이다.

하나님의 그 마음을 붙들 수 있게 되기를 바란다.

제가 늘 가지고 사는 것은 신뢰입니다

미국 예수회 신부인 존 카바나 John Kavanaugh가 오래 전에 캘커타에 3개월 동안 봉사 활동을 하러 갔다. 그는 자신의 나머지 인생을 어떻게 살아야 할지를 고민하고 있었다. 도착한 첫날 아침에 그는 테레사 수녀를 만났는데, 그녀가 묻기를 "제가 무엇을 도와 드릴까요?" 존은 자신을 위해 기도해 달라고 부탁했다. 그러자 수녀가 되물었다. "무엇을 기도해 드릴까요?" "확실하게 알고 살아가도록 기도해 주십시오"라고, 존은 대답했다. 그러자 수녀가 단호하게 말하며 "아닙니다. 저는 그것을 위해 기도해 드릴 수 없습니다." 예기치 않은 대답을 듣고 놀란 존을 보고 수녀가 말을 계속했다. "확실한 것은 당신이 추구할 것이 아니라 버려야 할 것입니다." 그러자 존이 물었다. "그런데 저에게 수녀님은 모든 것을 확실하게 알고 또한 믿고 있는 분처럼 보입니다. 저도 그렇게 살고 싶었습니다." 그러자 테레사 수녀는 웃으며 대답한다.. "저는 한 번도 확실하게 알고 믿은 적이 없습니다. 제가 늘 가지고 사는 것은 신뢰입니다. 그러므로 당신도 하나님을 신뢰하도록 기도해 드리겠습니다."

이 땅에 이해할 수 없는 수많은 사건들! 아니 지금 우리의 삶 가운데 일어나는 수많은 사건들! 이해할 수 없는 고난과 어려움과 절망의 시간들…….

그것에 대한 이유와 답보다는 바로 하나님 그분을 주목하며 오늘을 살아가는 것이다. 내가 하나님을 향한 믿음을 갖고 있듯이, 하나님 역시 나를 향한 믿음을 갖고 있음을 기억하며! 이해할 수 없지만, 믿음으로는 하루를 살아가는 것이다.

지금 이 시간, 가슴 조리며, 우리를 바라보고 계신 하나님께, 그만 눈물 흘리고, 그만 불평하고 이렇게 고백하자.

'하나님! 저 잘 할 수 있습니다! 염려하지 마세요. 누구보다 잘 이겨낼 수 있고, 감당할 수 있어요. 나를 향한 하나님의 믿음! 그 믿음 실망시키지 않겠습니다!'

'내 종 욥을 주의하여 보았느냐? 내 종 욥을 주의하여 보았느냐!' 사탄을 향하여, 너무나 행복하게 이야기하셨던 하나님의 그 자랑이 청년의 세대를 살아가는 그대들을 향한 하나님의 자랑이 되기를 바란다.

- 믿음은 내가 하나님을 향하여, 그리고 하나님은 나를 향하여 보이는 상호적 표현이다.
- 상대를 향한 믿음은 상황과 환경과 조건을 뛰어넘게 만든다.
- 고난은 어떤 이유를 넘어, 나를 믿기에, 신뢰하기에 맡기신 것이다.

9. 주어짐을 비전으로 만들어가라

26여섯째 달에 천사 가브리엘이 하나님의 보내심을 받아 갈릴리 나사렛이란 동네에 가서 27다윗의 자손 요셉이라 하는 사람과 약혼한 처녀에게 이르니 그 처녀의 이름은 마리아라 28그에게 들어가 이르되 은혜를 받은 자여 평안할지어다 주께서 너와 함께 하시도다 하니 29처녀가 그 말을 듣고 놀라 이런 인사가 어찌함인가 생각하매 30천사가 이르되 마리아여 무서워하지 말라 네가 하나님께 은혜를 입었느니라 31보라 네가 잉태하여 아들을 낳으리니 그 이름을 예수라 하라 32그가 큰 자가 되고 지극히 높으신 이의 아들이라 일컬어질 것이요 주 하나님께서 그 조상 다윗의 왕위를 그에게 주시리니 33영원히 야곱의 집을 왕으로 다스리실 것이며 그 나라가 무궁하리라 34마리아가 천사에게 말하되 나는 남자를 알지 못하니 어찌 이 일이 있으리이까 35천사가 대답하여 이르되 성령이 네게 임하시고 지극히 높으신 이의 능력이 너를 덮으시리니 이러므로 나실 바 거룩한 이는 하나님의 아들이라 일컬어지리라 36보라 네 친족 엘리사벳도 늙어서 아들을 배었느니라 본래 임신하지 못한다고 알려진 이가 이미 여섯 달이 되었나니 37대저 하나님의 모든 말씀은 능하지 못하심이 없느니라 38마리아가 이르되 주의 여종이오니 말씀대로 내게 이루어지이다 하매 천사가 떠나가니라 _누가복음 1:26-38

한 아이의 이야기

한 아이가 엄마에게 와서 이렇게 말을 한다. "엄마, 나 하나님과 공놀이 할 수 있어요!" 그러자 엄마는 정색을 하면서 말을 한다. "아니, 어떻게 하나님과 공놀이를 할 수 있다는 거야?" 그러자 아이가 너무나 당연한 듯이 이렇게 말을 한다. "어렵지 않아요! 내가 하늘로 공을 던지면, 하나님께서 언제나 다시 돌려주시거든요!"

참 단순한 이야기이지만, 바로 이것이 믿음이다. 내 삶의 모든 것을 하나님의 관점으로 보는 것이고, '하나님의 응답'으로 이해하는 것이 믿음이다. 눈에 보이는 현상을 넘어, 그분의 일하심으로 믿는 것이다. 그러기에 작은 현상을 통하여, 나를 위로하시고, 말씀하시는 하나님의 음성을 듣게 된다. 내 옆에 있는 사람의 말 한마디를 통하여 하나님의 위로하심과 사랑을 경험하고, 불어오는 바람을 통하여 하나님께서 나와 함께 하심을 알게 되기도 하고, 오늘 내린 눈을 보며, 우리를 깨끗케 하시는 구원의 능력을 찬양하게 된다.

또한 우리 삶에 바꿀 수 없는 것조차 믿음으로 바라보고, 이해하게 될 때, 더 풍성하고 깊은 하나님의 은혜를 누리게 된다.

절대로 바꿀 수 없는 다섯 가지

데이비드 리코가 쓴 《절대로 바꿀 수 없는 다섯 가지》라는 책에 보면, 인간이기에 겪게 되는 '바꿀 수도, 피할 수도 없는 다섯 가지가 있다'고 말한다.

첫째는, 모든 것은 끊임없이 변하고 때가 되면 끝난다는 사실이다. 하지만 사람들은 이 땅에서 '영원'에 대한 환상을 갖고 있다. 지금 누리는 건강도, 권력도, 지위도, 또한 지금의 사랑도 영원하기를 바라는 마음이 있고 영원할거라는 착각을 한다. 동화 백설 공주의 마지막에 보면 '왕자님과 공주는 행복하게 영원히 오래 오래 살았습니다!' 라고 끝이 나지만, 그것은 동화이다. 결혼식장에 서로를 바라보며, 행복해하면서, 자신들의 사랑이 영원할거라는 부푼 꿈을 꾸는 신랑신부에게, 어르신들은 이렇게 이야기하신다. '살아봐라' 모든 것은 끊임없이 변하고 때가 되면 끝이 있다는 것! 그것은 바꿀 수 없는 것이다.

둘째로, 인생은 계획대로 되지 않는다는 사실이다. 하지만 우리는 내 계획대로, 뜻대로 될 것이라는 환상을 갖고 있다.

아이들이 방학을 맞아 생활계획표를 세우는 것을 보았다. 참 가관이다. 7시 기상, 7시 10분 세수, 7시 15분 성경읽기, 7시 30분 식사, 8시 영어공부 2시간, 10시 수학공부 2시간! 나름대로 계획을 열심히 세우지만, 사실 그 어느 것도 하나 제대로 되는 것이 없다.

우리는 우리 인생을 통제하고 싶어 한다. 그러기에 완벽한 것을 추구하지만, 그것이 쉽지 않다. 실수와 잘못은 인간의 특기인데, 우리는 그 계획에 나의 목숨을 걸고, 그것이 어긋나면 내 인생이 잘못된 것처럼 생각한다. 인생은 계획대로 되지 않는다는 것이다.

셋째로, 세상은 불공평하다는 사실이다. 하지만 사람들은 세상은 공평해야 한다고 생각한다. 이 시대는 공평한 세상을 외치지만, 어떤 시대에도 공평한 세상이 이뤄진 적은 없다. 세상이 불공평하다는 것을 인정하지 않을 때, 세상을 향한 분노를 갖고, 복수를 하려고 한다. 왜 내가 이런 일을 당해야 하냐고 말한다. 늘 자신은 피해자이며, 손해보고 살아간다고, 다른 이들을 탓하며 원망을 하고, 다른 이들을 불행하게 만들려고 한다. 현실에 대해 인정하지 않고 부정을 해버린다. 변하지 않는 것은 바로 세상은 불공평하다는 것이다.

넷째로, 고통은 삶의 일부라는 사실이다. 하지만 사람들은 고통이 특별한 것이라고 생각한다. 나만이 겪는 것이라고 생각한다. 내가 왜 이런 고통을 겪어야 하냐고 묻지만, 고난은 인간의 삶에 너무나도 자연스러운 부분이다. 그러기에 고난과 고통보다 더 중요한 것은 '그것을 어떻게 받아 들이냐'의 문제이다.

마지막으로, 사람들은 항상 애정이 있고, 충실하지 않다는 사실이다. 우리는 사람에 대한 환상을 갖고 있다. 우리는 인간에 대해 기대한다. 믿었다고 이야기하고, 전부라고 말하고, 내가 가장 의지하는 사람이라고 말하며, 무조건적인 사랑을 기대한다. 하지만 인간에게서 그런 사랑을 찾을 수는 없다. 인간은 다 그렇다. 변하는 것! 그것이 인간이다. 우리의 삶이 피곤하고 낙심되는 깃 하나님에게서만 찾을 수 있는 것을 바로 인간에게서 찾기 때문이다. 사람들은 항상 애정이 있고, 충실하지 않다는 것이다.

우리가 이러한 다섯 가지를 인정하지 않고, 오히려 거부하며, 현실을 제대로 보지 않을 때, 혼란을 겪으며, 더 큰 실망과 좌절을 경험하게 된다고 한다. 이것을 인정하고, 내 삶을 바라볼 때, 편안함과 가능성을 볼 수 있게 된다.

우리 삶에 이미 주어진 것들

우리 삶에, 내가 바꿀 수 없는 '이미 주어진 것' 들이 있다. 내가 선택한 것도, 결정한 것도 아닌데, 나에게 이미 '주어진' 것이다.

내가 태어났는데, 국적, 부모, 성별, 집안 등 이미 나에게 주어진 환경이 있다.

새로운 회사에 들어갔는데, 상사, 동료 등 이미 나에게 주어진 상황이 있다.

결혼을 했는데, 시댁, 처갓집 등 이미 나에게 주어진 여건들이 있다.

어느 날 갑자기, 나에게 주어지는 '질병과 사건'들도 있다.

그런데 바로 이것 앞에서 우리의 진정한 믿음의 모습이 드러나게 된다. '나에게 주어진 것을 어떻게 바라보고 이해하느냐!' 바로 그것이 우리 믿음의 모습이다.

홍성건 목사님의 책《섬기며 다스리는 사람》에 보면, '온도계 같은 인생과 온도조절기 같은 인생'을 이야기한다. '온도계 같은 인생'은 주위의 상황에 영향을 받고 반응하는 인생이다. 온도계의 빨간 수은이 주위 온도에 따라 오르락내리락 하듯이, 상황이 안 좋아지면 불평하고, 불만을 터뜨린다. 늘 영향을 받는 인생이다. 그런데 '온도조절기 같은 인생'은 주위의 상황과 환경에 영향을 준다. 아무리 추위도 따뜻하게 만든다. 고난의 자리에서도 웃게 만든다. 불가능함의 자리에서도 희망과 기대를 갖게 한다.

사랑하는 청년들이여! 그대는 어떤 인생들인가?

온도계 같은 인생인가? 아니면 온도조절기 같은 인생인가?

상황과 환경에 반응하는 인생인가? 상황과 환경에 영향을 주는 인생인가?

다른 말로, 주어진 것에 '끌려' 가는 인생인가? 아니면, 주어진 것을 '끌고' 하는 인생인가?

내가 어찌 할 수 없는 주어짐

우리 삶에서 내가 어찌할 수 없는 '주어짐'이 있다. 이것이 축복의 이유가 될 때가 있지만, 그것이 절망과 낙심의 이유가 될 때가 있다. 그것이 더 힘든 것은 바로 '그 상황이 변할 수 없다'고 생각되기 때문이다. 내가 노력해서, 내가 최선을 다해서 바뀐다면, 희망을 갖게 될 텐데, 변화의 가능성이 없다는 것이 더 절망스럽다. 그렇다면 이 주어짐을 어떻게 할 것인가?

마리아의 삶 가운데

누가복음 1장에서 가브리엘 천사가 마리아에게 나타나서 예수님의 탄생을 전한다. 결혼도 하지 않은 마리아에게서 이 땅을 구원할 메시아, 예수님께서 나신다! 이 땅에 얼마나 놀랍고 멋진 소식인가? 희망의 소식이고, 생명의 소식이다.

그런데 마리아에게도 그런가? 앞으로의 모든 계획을 세워놓고, 준비하는 마리아에게 청천벽력과도 같은 소식이다. 지금까지 그녀의 모든 관계는 끊어져야했고, 포기해야 했고, 심지어 돌에 맞아 죽을 수도 있는 상황이다.

26여섯째 달에 천사 가브리엘이 하나님의 보내심을 받아, 갈릴리 나사렛이란 동네에 가서

그런데 '하나님의 보내심을 받은' 가브리엘 천사는 마리아에게 그 선택권을 주지 않는다. '네가 원하느냐, 원하지 않느냐'라고 묻지 않는다. 다만 메시아 탄생의 약속을 선포하고, 그 약속이 너를 통해서 이뤄질 것이라고 말한다. 누군가의 말

처럼 '생각은 선택지가 있을 때' 하는 것이다. 선택의 여지가 없이 주어질 때는 받아드리는 것이다. 다시 말하자면, 우리 삶의 '주어짐'은 '선택의 문제'가 아니라, '순종의 문제'임을 보여주는 것이다.

나의 뜻을 하나님께 맞추는 것

마리아는 가브리엘 천사의 선포 앞에서, 자신의 마음과 뜻을 하나님께 맞춘다.

> 38 마리아가 이르되 주의 여종이오니 말씀대로 내게 이루어지이다 하매 천사가 떠나 가니라

마리아는 자신에게 주어진 것을 거절하고, 거부하고, 외면하지 않는다. 자신에게 주어진 하나님의 뜻을 바로 자신의 뜻으로 맞춰 고백한다. 하나님의 뜻이 나의 뜻이라고 고백한다. 순종이란, 하기 싫은데 억지로 하는 것이 아니다. 마음은 다른

곳에 가 있고, 몸만 그 자리에 있는 것이 아니다. 내 입술에는 불평과 불만이 가득하면서, 억지로 그것을 했다는 것이 중요한 것이 아니다. 나의 마음과 뜻과 정성을 하나님께 맞추는 것이다.

창세기에 나오는 요셉의 삶에 늘 나오는 표현이 '하나님이 요셉과 함께 하시므로' 이다. 이 말은 요셉은 '주어진 것'을 억지로 하지 않았음을 보여주는 것이다. 팔려갔을지라도, 종으로 살아갈지라도, 감옥에 있을지라도, 그 상황에 지배받는 것이 아니라, 끌려가는 것이 아니라, 그 주어진 상황을 믿음으로 받아들이고, '내 마음과 뜻을 정하여 갔다'는 것이다. 종으로 주어진 삶이지만, 주인처럼 살아가겠다는 것이며, 나에게 주어진 상황을 억지로 가는 것이 아니라, 내가 주도적으로 가겠다는 것이다. 바로 그것이 신앙이며 믿음이다.

그러기에 진정한 순종이란, 하나님의 뜻을 내 뜻으로 정하고, 내가 그 길을 기뻐하며 걸어가는 것이다. 그러기에 하나님께서 나에게 주신 것을 바로 나의 비전으로, 나의 소명으로, 나의 부르심으로 삼는 것이다. 그럴 때 나에게 주어진 것이, 내 인생의 장애물이 아니라, 디딤돌로 쓰여 지게 된다.

겟세마네 동산의 기도를 통과하라

그러기 위해서 필요한 것이 있다. 예수님은 이 땅에 십자가의 길을 가기 위해서 오셨다. 예수님께 주어진 것은 바로 십자가의 고난과 죽음이다. 그런데 분명한 것은 바로 그 '주어진' 십자가를 통해서, 구원의 역사가 이뤄졌다. 그리고 주어짐을 풀어가기 위한 비밀은 바로 '겟세마네 동산의 기도'에 있다. 예수님은 겟세마네 동산에서 피가 땀이 되는 기도를 하신 후에, 제자들에게 하신 말씀이 바로 '일어나라 함께 가자!' 였다.

자신에게 주어지신 십자가의 길을 억지로, 끌려가는 것이 아니라, 먼저 가겠다고 하신 것이다. 끌려가는 것이 아니라, 주도하겠다고 하신 것이다. 예수님에게 주어짐이 바로 비전이 되는 시점이 바로 겟세마네 동산의 기도였던 것이다.

사랑하는 청년들이여!

나에게 감당할 수 없는 주어짐을 비전으로 바꿔가기 위해서는 겟세마네동산의 기도를 통과해야 한다. 하나님과 치열함으로 기도의 시간을 보내야 한다. 내 삶에 주어짐을 아파하며,

눈물흘리며, 벗어나보려고 애를 쓰지만, 그것보다 더 중요한 것은 하나님 앞에서의 영적몸부림이다. 기도하는 것이다.

기도해야 비로소 하나님의 뜻이 보여진다.
기도해야 비로소 나의 뜻을 하나님의 뜻에 맞춰가게 된다.
기도해야 비로소 주어짐에 담긴 하나님의 마음을 보게 된다.
기도해야 비로소 주어짐을 비전으로 만들어갈 수 있게 된다.

주어짐을 비전으로

얼마 전 '베이비 박스'라는 것이 논란이 되었다. 이종락 목사님이라는 분이 길거리에 버려지는 장애아동들을 위해서 집 앞에 베이비 박스를 설치하고 이렇게 적었다.

'장애가 있는 갓난아기들을 돌보지 못할 경우 길거리에 버리지 마시고, 이곳으로 데려오세요.'

보건복지부에서는 영아유기를 조장한다는 이유로 철거를 요청하고, 비난의 소리도 높았다. 그런데 목사님은 1998년부터 지금까지 36명의 버려진 장애아동들을 돌보며 키워왔다.

그런데 목사님께서 이런 사역을 시작하신 계기가 있었다. 바로 25년 전 목사님의 아내가 출산을 하게 되었는데, 뇌성마비를 가진 아이가 태어났고, 몇 달밖에 살지 못할 것이라는 판정을 받고 그 아이를 돌보면서부터, 바로 그 사역이 시작된 것이다. 그리고 얼마 살지 못할 것이라던 그 아이는 은혜가 충만하다는 '은만'이라는 이름으로 지금까지 살아있다.

자신에게 '주어진 것'을 외면하고, 안타까워하고, 원망하며, 주저앉아있는 것이 아니라, 하나님께서 이미 주신 것을 향하여! 내 마음과 뜻을 정하고, 바로 그것을 나의 비전으로 삼고 살아가기에, 바로 거기에 생명의 역사가 있는 것이다.

사랑하는 청년들이여!

여러분이 어떻게 할 수도 없고, 선택할 여지도 없었는데 이미 '주어진' 것이 있는가? 그 주어진 것으로, 내 삶이 무너지고, 망가지고, 고난을 겪고 있는가?

그 주어진 것을 외면하고, 눈을 감고, 회피하고 있는가?

어차피 해야 하는데, 불평과 불만과 성의 없음으로 하고 있는 것이 있는가?

그렇다면, 지금 우리의 뜻과 마음을 하나님께로 정하자!

나에게 '주어진' 것을 하나님이 주신 비전으로 믿고, 내 뜻을 맞추자!

불평과 불만이 아니라, 겟세마네 동산의 기도를 통과하자!

하나님을 뜻을 향하여 내 뜻을 맞추고, 기쁨으로 당당하게 한걸음씩 내딛자!

주어짐을 나를 향한 하나님의 비전으로 만들어갈 때, 하나님의 일하심을 보게 될 것이다. 하나님의 역사하심을 보게 될 것이다.

바로 그 주어짐이 축복의 놀라운 이유가 될 것이다.

바로 지금은 하나님의 실패가 아니라, 하나님이 주신 최고의 기회이다!

- 주어진 것을 어떻게 바라보고 이해하느냐에 믿음의 모습이 나타난다.
- 주어진 것을 통해 하나님의 일하심을 기대하며 바라봐야한다.
- 순종은 하나님의 뜻에 나의 마음과 몸과 의지를 모두 맞추는 것이다.

Part 3

미래를 기대하게 하는 자신감

:

우리는 "살아있는 한 소망은 있다"고 말합니다.

즉, 이 의미는 "소망이 있을 때만 살아갈 수 있다"는 것입니다.

우리 인간은 상상의 미래 속에서 많은 시간을 보내며 살도록 만들어 졌습니다.

미래를 기대하고 행복한 일들을 꿈꾸며, 좋은 일들이 계속해서 생기고,

나쁜 일은 끝나기를 바라며,

과거보다 더 좋은 미래를 동경하는 것은 자연스러운 일입니다.

_제임스 패커의 《소망》중에서

10
5년 후, 10년 후가 멋지면 된다

36 며칠 후에 바울이 바나바더러 말하되 우리가 주의 말씀을 전한 각 성으로 다시 가서 형제들이 어떠한가 방문하자 하고 37 바나바는 마가라 하는 요한도 데리고 가고자 하나 38 바울은 밤빌리아에서 자기들을 떠나 함께 일하러 가지 아니한 자를 데리고 가는 것이 옳지 않다 하여 39 서로 심히 다투어 피차 갈라서니 바나바는 마가를 데리고 배 타고 구브로로 가고 40 바울은 실라를 택한 후에 형제들에게 주의 은혜에 부탁함을 받고 떠나 41 수리아와 길리기아로 다니며 교회들을 견고하게 하니라 _사도행전 15:36-41

이 또한 지나가리라

한국사회에서 '이 또한 지나가리라'라는 말이 유행했었다. 이것은 유대교 문헌에 나오는 다윗 왕의 이야기에서 비롯된다.

다윗 왕이 어느 날 궁중의 세공인을 불러 자신을 기리는 아름다운 반지를 하나 만들라고 지시했다. 그러면서 세공인에게 특별한 요청을 한 가지 했다. 반지에 '내가 전쟁에서 큰 승리를 거둬 기쁨을 억제하지 못할 때 스스로를 자제할 수 있고, 반면 큰 절망에 빠졌을 때 좌절하지 않고 용기를 얻을 수 있는 글귀를 새겨 넣도록 하라'라는 것이다. 반지를 만들어 놓은 세공인은 적합한 글귀가 생각나지 않아 며칠을 고민하다가, 지혜롭기로 소문난 다윗의 아들 솔로몬 왕자를 찾아 갔다. 세공인의 고민을 들은 솔로몬은 잠시 생각하다가 다음과 같이 적어 넣으라고 말했다.

"It shall also come to pass(이 또한 지나가리라)."

우리 삶에 그럴 때가 있다. 아침에 눈을 뜨면, 오늘을 살아가야하는 것이 끔찍할 때가 있다. 지금 이 순간에 호흡을 하는 것 자체가 힘들 때가 있다. 기도조차 나오지 않을 때가 있다. 그래서 눈을 감고, 하나, 둘, 셋 세면, 지금의 시간이 훅 지나갔으면 좋겠다고 생각할 때가 있다.

사랑하는 청년들이여!
'이 또한 지나가리라!' 혹시 지금 이 말이 필요한 때는 아닌가? 지금의 시간을 어금니 깨물고 견뎌야 할 때는 아닌가? 미래를 바라보며 오늘을 이겨내야 하는 때는 아닌가?

상상력을 뛰어넘는 믿음

지금의 시대는 상상력의 시대이다. 아인슈타인은 모든 결과물이 상상력에서 나온다고 말하며 "지식보다 중요한 것은 상상력이다. 지식에는 한계가 있다. 하지만 상상력은 세상의 모든 것을 끌어안는다"고 말한다. 또한 사회생물학의 창시자 에드워드 윌슨은 인간의 지식이 본질적으로 통일성을 가지고 있다는 전망을 바탕으로, 자연과학과 인문·사회과학의 연구자들이 서로 협력해야 함을 강조하며 '통섭 consilience'이라는 개념을 말한다.

그러나 상상력과 통섭을 뛰어넘는 것이 바로 믿음이다. 왜냐하면 믿음은 하나님을 향하게 하기 때문이다. 인간의 지식과 상상력은 한계가 있고, 그것이 인간이다. 그러나 하나님을 향한 믿음은 내 한계, 내 상황, 내 처지를 뛰어넘게 만든다. 말씀이 들어가면 가만히 있을 수가 없다. 그 말씀이 그를 붙들고, 도전하고 한계에 도전하게 만들기 때문이다. 그래서 믿음의 사람은 안주하지 않는다. 현실에 만족하지 않는다. 계속 꿈꾸며, 도전하며, 새로운 비전을 향해 달려간다. 그 이유는 바로 무한하신 하나님을 향하기 때문이다. 그러기에 하나님을 만나면 더 멋지게 살고 싶어진다!

용혜원 목사님 시時 중에 '너를 만나면 더 멋지게 살고 싶어진다.' 라는 시다.

너를 만나면 눈인사를 나눌 때부터 재미가 넘친다
짧은 유머에도 깔깔 웃어주는 너의 모습이 내 마음을 간질한다
너를 만나면 나는 영웅이라도 된 듯 큰소리로 떠들어댄다
너를 만나면 어지럽게 맴돌다 지쳐있던
나의 마음에 생기가 돌아 더 멋지게 살고 싶어진다
너를 만나면 온 세상에 아무런 부러울 것이 없다
나는 너를 만날 수 있어 신난다
너를 만나면 더 멋지게 살고 싶어진다

하나님이라는 분을 만나면 '더 멋지게' 살고 싶어진다. 지

금이 전부가 아니라, 더 멋진 시간과 모습을 꿈꾸게 된다. 그러기에 믿음은 미래를 기대하게 만든다. 미래를 꿈꾸게 만든다. 가슴에 '설렘'을 통하여 내 인생에 대한 거룩한 희망을 갖게 한다.

실망한 이에게, 낙심한 이에게, 예수님이라는 분이 전해지게 되면, 다시 시작하게 된다. 다시 꿈꾸게 된다. 다시 가슴 설레는 두근거리는 삶을 살게 된다. 지금의 시간이 전부가 아님을 알게 된다.

사랑하는 청년들이여!

실패했는가? 무너져 있는가? 또 포기하고 싶어지는가? 내 인생에 대한 기대감이 사라져가고 있는가? 미래가 보이지 않는가?

그렇다면 다시금 주님앞에 나아가자! 말씀 앞에 나아가자! 그 말씀이 그대를 붙들 수 있도록 내어드리자! 그럴 때 비로소 꿈을 꾸게 될 것이다. 우리의 희망은 무엇인가? 나보다 나에 대해 더 멋진 꿈을 꾸고 있는 분이 계시다는 것이다. 나를 향한 기대를 포기하지 않고 계시는 그분이 계신다는 것이다.

문제아 마가

바울과 바나바의 선교여행 중 다툼이 일어났다. 그 다툼으로 각자 선교의 길을 가게 된다. 바로 '문제아 마가'이다.

며칠 후에 바울이 바나바더러 말하되 우리가 주의 말씀을 전한 각 성으로 다시 가서 형제들이 어떠한가 방문하자 하고 바나바는 마가라 하는 요한도 데리고 가고자 하나 바울은 밤빌리아에서 자기들을 떠나 함께 일하러 가지 아니한 자를 데리고 가는 것이 옳지 않다 하여 서로 심히 다투어 피차 갈라서니 바나바는 마가를 데리고 배타고 구브로로 가고 _행 15:36-39

바울과 바나바가 1차 전도여행을 떠나면서 그들의 수종자로 마가가 동행하게 되었는데, 선교여행 중 도중하차하게 되었고, 2차 여행을 떠나면서, 마가의 동행문제로, 바울과 바나바가 싸우게 되고, 각자의 길을 가게 된 것이다. 기독교 역사에서 결정적인 상황에서 마가라는 인물로 인해서 문제가 생긴 것이다. 바울은 '마가'를 선택하지 않고, 독자적인 선교의 길을 갔다. 그런데 여기에서 마가라는 인물이 그대로 끝나면 우리 역시도 기대할 것도, 희망할 것도 없어진다. 기독교에서 중요한 인물인 '바울'에게 버림받은 마가에게 무엇을 더 기대할 수 있겠는가? 실패하고, 포기하고, 언제나 중간에 멈춰버리는 우리의 모습을 보는 듯하다. 그런데 마가는 다시 등장하게 된다. 그것도 사도 바울을 통해서! 그리고 베드로를 통해서!

> 나와 함께 갇힌 아리스다고와 바나바의 생질 마가와 이 마가에 대하여 너희가 명을 받았으매 그가 이르거든 영접하라 _골 4:10
> 그리스도 예수 안에서 나와 함께 갇힌 자 에바브라와 또한 나의 동역자 마가, 아리스다고, 데마, 누가가 문안하느니라 _몬 1:23-24
> 네가 올 때에 마가를 데리고 오라. 저가 나의 일에 유익하니라 _딤후 4:11
> 택하심을 함께 받은 바벨론에 있는 교회가 너희에게 문안하고 내 아들 마가도 그리하느니라 _벧전 5:13

이처럼 바울의 사역 마무리할 때, 마가는 바울의 동역자고, 신뢰하는 사람이었다. 그리고 베드로는 마가를 '내 아들'이라고 부르면서, 마가에 대한 전폭적인 신뢰를 보냈다. 신약성경에 등장하는 사람 중 베드로와 사도 바울에게 모두 이처럼 신임을 받았던 사람은 마가뿐이었다. 그리고 마가는 바로 우리가 잘 아는 마가복음의 저자이기도 하다. 마가는 모세처럼, 여호수아처럼 위대한 민족의 지도자도 아니고, 베드로나 마태처럼 직계 제자도 아니었고, 바울처럼 특별한 사도도 아니었다. 그런데 하나님께서 '문제아 마가'를 그렇게 아름답게 사용하셨다. 그의 시작이 전부가 아니었다. 그의 실패가 전부가 아니었다.

하나님이 그를 포기하지 않고 다듬어가셨다. 그리고 그는 이집트에서 복음을 전하다가 몸이 갈갈이 찢겨지는 순교를 당한 사람이다. 그래서 이집트에 성지순례를 하다보면, 알렉산드리아에 '마가기념교회'가 있음을 보게 된다.

중요한 것은 무엇인가? 우리가 만나는 '문제아 마가'를 향하여 꿈꾸시고, 아름답게 만들어 가시는 성령님을 보게 된다. 바로 그분이 우리를 꿈꾸고 계신다는 거다.

시작과 끝만 보여주시는 하나님

성경에 보면, 하나님은 언제나 시작과 끝만을 보여주신다. 아브라함을 부르시고, 너는 복의 근원이 되며, 너를 통해 많은 자손이 생길 것이라고 말씀하신다. 결론만 말하신다. 베드로는 부르시면서 "너를 사람 낚는 어부가 되게 하겠다."는 결론만 말씀하신다. 그렇다면 우리에게도 결론은 주어졌다. 우리의 몫은 '중간을 어떻게 만들어갈 것이냐' 이다. 그것이 우리의 반응이다.

그러나 우리는 하나님께 보장을 요구한다. 100% 나의 길을 다 보여주시고, 알려주시면 그 길을 걸어가겠다고 말한다. 그러나 성경에 어느 누구에게도 다 알려주시지 않았다. 다만 보여주신 만큼, 우리가 순종하며 나아갔을 때, 비로소 다음 나아갈 길을 알려주셨다. 믿음이란 바로 그 결론을 붙들고, 중간을 만들어가는 것이다. 때로는 실패할 수 있고, 좌절할 수 있지만, 그 결론을 향하여 한걸음 한걸음 믿음의 발걸음을 내딛는 것이 믿음이다.

결론이 아니라 과정으로 만들라

지금 내 삶의 '실패를 어떻게 바라볼 것이냐'에 따라서, 내 인생을 바라보는 관점이 달라지며, 내 삶을 대하는 태도가 달라진다. 실패 앞에서 2가지 스타일이 있다. 하나는 실패를 결론으로 만드는 사람, 다른 하나는 과정으로 만드는 사람이다.

실패를 결론으로 만드는 사람은 나에게 주어진 사건으로 그것이 끝이다. 더 이상 기대할 것도, 도전할 것도 없다. 그에게 주어진 결과 자체가 절망이며, 포기이다. 나의 실패가 내 인생의 끝이며, 더 이상 할 수 있는 것이 없다고 말한다. 그러기에 늘 낙심하며 삶의 굴곡을 경험한다.

그러나 실패를 과정으로 만들어버리는 사람이 있다. 자신이 최선을 다해서 준비한 것이 실패하자, 마음 아프고 속상하지만, '그럴 수도 있지! 다음에 성공하면 되지!'라고 말하며, 그것을 순식간에 과정으로 만들어버린다.

2012년 런던 올림픽에서 유도선수 김재범 선수 그는 2008년 베이징 올림픽에서는 은메달을 땄었다. 당시 종료 1분 30초 전 유효로 패배

했었다. 그는 "베이징 때는 죽기 살기로 했는데 졌다. 이번에는 그냥 '죽기'로 했다"고 말했다. 지난 올림픽에서 졌지만 다시 '죽기'로 훈련하고, '죽기'로 경기해서 금메달리스트가 된 것이다.

또 한 사람 박태환 선수 그는 런던 올림픽에서 모두 금메달을 놓치고 은메달에 머물렀다. 국민들은 실패자를 보는 시선으로 그를 봤지만, 매 경기 인터뷰 할 때 그의 모습은 한결같이 "최선을 다했다. 이번에 기록을 가지고 다음 대회를 준비 하겠다"는 것이었다.

이 두 선수뿐만 아니라 많은 선수들이 은메달이든 동메달이든 노메달이든 경기에서 패한 것을 실패라고, 끝이라고 생각했다면, 다음 올림픽에서 더 발전된 모습으로 뛰는 선수들을 볼 수 없을 것이다.

이런 사람들이 바로 실패를 과정으로 만드는 사람이다. 실패를 과정으로 만들 때, 다시금 기대하게 된다. 꿈꾸게 된다. 실패가 절망이 아니라, 희망의 이유가 되며 성장의 이유가 된다. 실패를 과정으로 만드는 사람과 함께 하면 행복하다. 왜냐하면 그와 함께 모든 것이 기회이며, 경험이며, 도전이며 희망이 되기 때문이다.

5년 후, 10년 후가 멋지면 된다

목사인 나 자신도 늘 자신감으로 살아갈 수는 없다. 때로는 너무나 초라하고, 부족한 내 모습을 바라보면서 낙심하고, 무기력함에 빠지곤 한다. 그리고 내 자신에게 가능성이 있나 의심을 하곤 한다. 그럴 때마다 내 자신에게 외치는 말이 있다. 내 자신에게 선포하는 말이 있다.

'5년 후, 10년 후'
'5년 후에, 10년 후에 더 멋진 목사가 되면 되지!'

지금은 과정이며, 실패하고, 실수할 수 있다. 부족한 내 모습이 사실이다. 그런데 5년 후에 더 멋진 모습으로 살아가면 되지 않을까! 10년 후에 더 멋진 목사로 다시 서면되지 않을까! 그렇게 내 자신을 추스르고 격려하면서 다시금 시작한다. 그런데 이 말이 나에게 얼마나 큰 위로가 되는지 모른다.

5년 후를 꿈꾸는 사람

5년은 260주, 1,825일, 4만 3,800시간, 262만 8,000분이다. 하우석교수가 쓴 《내 인생 5년후》라는 책에 보면 5년의 의미를 설명한다.

- 미켈란젤로는 인류 최고의 걸작으로 손꼽히는 시스티나 성당 벽화를 완성하는데 5년이 걸렸다.
- 셰익스피어가 인류 불멸의 문학작품으로 평가받는 4대 비극을 완성 하는데 4년이 걸렸다.
- 콜럼부스가 신대륙을 발견하기까지도 5년이 걸렸다.
- 김연아가 시니어 대회 첫 우승에서부터 올림픽 금메달을 목에 걸기까지도 5년이 걸렸다.
- 사법시험에 합격한 사람들의 평균 시험 준비기간은 4.7년이었다.
- 창업 후 성공적으로 시장에 진입한 기업들은 모두 5년을 버틴 결과였다.

하교수는 내 삶을 향한 멋진 변화는 5년이라는 시간이면 충분하다고 말한다. 그것을 향하여 도전하며 달려갈 때, 내 삶은 아름다운 변화를 보게 될 것이라고 말하며 도전한다. 현재보다 더 중요한 것은 5년 후 내가 어떻게 살아갈 것이냐를 보며 오늘을 살아가는 것이다. 그러면 아직 기대할 것이 있다.

몇 년 전에 섬기던 교회에서, 200명에 가까운 청년들과 함께 '5년 후, 10년 후'라는 주제로 3주간 새벽기도를 했다. 자신들의 기도제목과 비전을 위해서 기도하며 하나님께 나아간 시간이 있었다. 기도하며 자신들의 비전을 내어놓고, 매년 어떻게 준비하고, 노력하며 달려갈 것인지를 함께 꿈꿨다. 그런데 벌써 5년째이다. 참 시간 빠르다! 그날이 생각보다 빨리 온다! 그들을 만나보고 싶다.

사랑하는 청년들이여!
다시 한 번 시작해보자. 5년 후를 바라보며 달려가 보자.
5년이라는 멋진 시간이 주어졌는데, 이 시간이면 충분하지 않겠는가!

지금보다 5년 후가 멋지면 된다.

지금보다 10년 후가 멋지면 된다.

힘내라! 당당해라! 자신감을 가져라! 잘할 수 있다!

마가도 그러지 않았는가? 우리도 그럴 것이다.

- 지금의 실패보다 5년 후가 더 멋지면 된다.
- 하나님은 우리에게 시작과 끝을 주셨고, 우리는 중간을 만들어가는 것이다.

11
승리를 경험하라

22 밤에 일어나 두 아내와 두 여종과 열한 아들을 인도하여 얍복 나루를 건널새 23 그들을 인도하여 시내를 건너가게 하며 그의 소유도 건너가게 하고 24 야곱은 홀로 남았더니 어떤 사람이 날이 새도록 야곱과 씨름하다가 25 자기가 야곱을 이기지 못함을 보고 그가 야곱의 허벅지 관절을 치매 야곱의 허벅지 관절이 그 사람과 씨름할 때에 어긋났더라 26 그가 이르되 날이 새려하니 나로 가게 하라 야곱이 이르되 당신이 내게 축복하지 아니하면 가게 하지 아니하겠나이다 27 그 사람이 그에게 이르되 네 이름이 무엇이냐 그가 이르되 야곱이니이다 28 그가 이르되 네 이름을 다시는 야곱이라 부를 것이 아니요 이스라엘이라 부를 것이니 이는 네가 하나님과 및 사람들과 겨루어 이겼음이니라 29 야곱이 청하여 이르되 당신의 이름을 알려주소서 그 사람이 이르되 어찌하여 내 이름을 묻느냐 하고 거기서 야곱에게 축복한지라 30 그러므로 야곱이 그곳 이름을 브니엘이라 하였으니 그가 이르기를 내가 하나님과 대면하여 보았으나 내 생명이 보전되었다 함이더라 31 그가 브니엘을 지날 때에 해가 돋았고 그의 허벅다리로 말미암아 절었더라 32 그 사람이 야곱의 허벅지 관절에 있는 둔부의 힘줄을 쳤으므로 이스라엘 사람들이 지금까지 허벅지 관절에 있는 둔부의 힘줄을 먹지 아니하더라 _창세기 32:22-32

믿음과 현실의 충돌

어떤 자매가 사무실로 찾아왔다. 내용은 요즘 삶이 너무 힘들다는 것이다. 하는 것도 모두 실패하고, 준비하는 것도 내 마음대로 되지 않기 때문에 너무 지치고 어렵다는 것이다. 그러기에 자신감은 더욱 떨어지고, 무너지는 자신의 모습! 사람들 앞에서 더 초라하게 보이는 그 모습이 너무나 싫다고 말한다. 그 자매는 다니던 회사를 그만두고, 새로운 준비를 하고 있었는데, 그 과정이 그리 쉽지는 않았던 모양이다. 내 상황은 그렇지 않은데, 주위에서는 힘내라고! '너는 보석 같은 존재라고, 존귀한 존재'라고 말하는데, 도저히 그 말이 위로가 안 된다는 것이다. 자신의 현실과 상황이 충돌하니까 더 힘든 것이다.

믿음을 현실 속에서 확인하라

크리스천 청년들의 고민은 바로 믿음과 현실의 괴리이며, 이것을 어떻게 극복하느냐가 중요한 관건이다. 왜냐하면 현실로 인해 믿음이 영향을 받게 되기 때문이다. 내 모습은 실패하고, 계속 무너지는데, 다른 사람이 '당신은 보석 같은 존재'라고 말하면, 그것이 믿어지지 않는다. 받아들여지지 않는다.

많은 청년들이 신앙적 어려움을 겪는 것은 바로 현실을 통해서 내 믿음을 확인하려하기 때문이다. 내 인생이 성공하고 잘되면, 나의 믿음이 옳고, 맞고, 하나님이 살아계신다고 생각한다. 그러나 내가 실패하면, 나의 믿음조차도 초라하고, 헛되다고 생각한다.

전 세계 헤비급 복싱 챔피언이었던 무하마드 알리의 시대에 이름을 날렸던 조 프레지어라는 선수가 이런 말을 했다.

"챔피언은 링에서 결정되는 것이 아니고 다만 링에서 인정받을 뿐이다."

맞다! 우리의 정체성은 현실에서 결정되는 것이 아니라, 예수님을 믿음으로 이미 결정된다. 다만 이 땅에서 확인하며 살아갈 뿐이다. 내가 사랑받는 자라는 믿음과 진리는 바로 현실

가운데서 확인하며 살아가는 것이다. 확인되지 않는다고 해서, 그 믿음과 진리가 달라지는 것은 아니지만, 다만 확인될 때, 우리는 그 기쁨을 마음껏 누리고, 자신감을 경험하며 살아가게 된다.

성취의 기쁨을 경험하라

우리 삶의 성취와 승리는 자신감에 중요한 역할을 한다. 교육학에서 6-11세의 초등학생의 아이들은 자신의 성취행동 즉, 학교공부, 심부름, 동생 돌보기 등에 대해 인정받지 못하고, 성취의 기쁨을 누리지 못하면, 열등감이나 자기 부족함에 빠지게 된다고 한다.

성취했을 때! 승리했을 때! 다른 이들에게 받은 애정과 사랑과 격려는 우리의 자존감을 높게 한다. 내 자신이 자랑스럽고, 멋지고, 괜찮은 사람이라고 생각하게 한다. 그러기에 성공의 경험이 필요하다. 성취의 경험이 필요하다. 말로만 보석 같은 존재가 아니라, 그것을 내 삶으로 경험해야한다.

《동사형 인간》이라는 책에서 전옥표씨는 성공의 비결은 바로 '작은 성공체험을 만들어가는 것'이 핵심이라고 말한다. 다윗이 골리앗과 맞서 싸울 때! 그 승리 하나가 아니었음을 기억하라. 성경에서 다윗은 수없이 맹수들에게서 양들을 지켜냈다. 바로 자기 자신을 넘는 작은 승리의 경험들이 바로 골리앗 앞에 서게 한 것이다. 너무나 당당하게 설 수 있는 자신감이 바로 거기에서 나온 것이다.

패배감과 열등감과 절망의식 속에서 벗어나는 길은 아무리 보석 같은 존재고, 존귀한 존재이고, 멋진 존재라고 할찌라도 하나님의 약속의 말씀을 믿고, 삶의 현장가운데 뛰어들어서, 바로 작은 승리와 성공을 경험하기 시작하는 것이다. 할 수 있다는 열정과! 성취와 승리의 그 감격을 맛보는 것이다.

EBS에서 낸 《인간의 두 얼굴》이라는 책은 '인간의 착각'에 관한 내용이다. 핵심은 착각은 결국 내가 세상을 어떻게 바라보느냐의 관점의 문제에 속한다는 것이다. 긍정심리학의 권위자로 불리는 심리학자 마틴 셀리그만은 '학습된 무기력'이라는 분야를 개척하면서, 어떤 사람들은 고난에 굴하지 않고 성취를 위하여 노력하는 반면에 어떤 사람들은 쉽게 무기력해지는지에 대해 연구하기 시작했다. 긍정적으로 생각하는 사람들은 자신의 불행이 일시적이고, 특수한 사례이며, 그 원인은 자기 자신이 아니라 다른 데에 있다고 생각한 반면에, 비관적으로 생각하는 사람들은 자신의 불행이 변하지 않을 것이며, 다른 분야에도 영향을 끼칠 것이라고 생각한다는 것이다. 그들은 실패의 원인은 결국 자기 자신에게 있다고 생각하는 경향 역시 강했다는 것이다.

자신들이 승리의 경험이 없기에! 한 번의 실패가 영원한 것이며, 다시 실패할 것이라고 단정 지어 버리는 것이다. 그러나 성공과 승리와 성취를 경험한 사람은 실패하는 가운데서도, 그 길과 가능성을 찾아가게 된다.

속이는 자로 살아온 야곱이라는 인생

야곱은 태어날 때부터 형을 이기고 싶어서, 발뒤꿈치를 붙잡고 태어나고, 이름은 속이는 자이며, 장자권이 없는 둘째아들이다. 정상적인 권리가 없다는 것이 야곱에게 콤플렉스였고, 그의 삶의 모든 문제가운데 깔려진 심리적 배후이다. 그러기에 모든 문제를 정면승부로 풀어가지 않았다.

장자권이 없기에, 배고프고 정신없는 형을 팥죽 하나로 혼란스럽게 하고, 장자권을 빼앗는다. 나이 들어서 분별이 안 되는 아버지 이삭을 속여서 장자의 축복을 받고 형이 무서워서 몰래 도망을 간다. 외삼촌 라반에게 갔을 때도, 라반을 속이면서 양과 염소를 취하고, 고향으로 돌아올 때도 삼촌에게 알리지 않고 도망 나온다. '속이는 자' 라는 이름처럼 뭐 하나 정면승부하면서 풀어가는 것이 아니라, 속임수로, 거짓을 하면서 살아온 인생이었다.

나에게는 그러한 권리가 없고, 정정당당하게 싸워서는 이길 수 없음을 알기에 다른 방법을 이용한다. 그런데 그것이 사람을 참 초라하고 비참하게 만든다. 많은 것을 가지고 있더라도, 행복하지 않다. 당당할 수 없는 마음! 나설 수 없는 마음! 그러기에 형을 직접 만나지 못하고, 끊임없이 선물을 보내며, 무엇인가를 보내며 만나야만 하는 초라함… 바로 그것이 야곱의 삶이었다.

벼랑으로 몰고 가시는 하나님!

24야곱은 홀로 남았더니 어떤 사람이 날이 새도록 야곱과 씨름하다가

'하나님은 그런 야곱을 벼랑으로 몰고 가신다.' 도망갈 수도 없고, 속일수도 없는 상황 속으로! 벼랑 끝에 데리고 가신다. 그가 할 수 있는 것은 아무것도 없는 상황으로 이끌어 가신다.

하나님은 왜 야곱을 벼랑 끝으로 몰고 가실까? 왜 야곱을 이러지도 못하고 저러지도 못하는 상황가운데 갇히게 하실까? 과거에 대해 벌을 주시는 것일까? 지난 야곱의 삶이 잘못되었음을 보여주시는 것인가?

하나님은 야곱을 벼랑 끝에 몰고 가신 후에, 홀로 남은 야곱에게 다가오신다. 야곱은 예전처럼 도망갈 수도 없고, 피할 수도 없고, 속일 수도 없는 상황에서 하나님과 대면하게 된다. 사면초가四面楚歌의 상황가운데 하나님을 만나게 된다. 이제는 하나님과 싸울 수밖에 없다.

혹시 모든 소망이 사라져서 사면초가의 상황에 있는 지체가 있는가?

피해보기도 하고, 도망가보기도 하고, 속여보기도 했는데, 아무것도 할 수 없는 상황에 놓인 청년들이 있는가?

그렇다면 기억하자! 이제는 오직 '하나님'과 해결하면 된다! 다른 그 무엇도, 소망이 될 수 없기에, 기대할 수 없기에, 하나님께서 '다 치우신 것'이다. 하나님께서 여러분과 일대일로 만나기 원하신 것이다. 오직 하나님과만 풀어 가면 된다. 다른 그 무엇에 두리번거리지 말자. 오직 하나님과만 풀면 된다!

홀로 남은 야곱에게 하나님께서 씨름을 시작하신다. 24절에 보면, 어떤 사람이 날이 새도록 야곱과 씨름하다가! 주어가! 어떤 사람! 바로 하나님이시다. 가능성도, 소망도, 희망도 없는 야곱을 붙들고 씨름을 시작하신 것이다.

누가 이기겠는가? 당연히 하나님이 이겨야한다. 신과 인간이 싸우는데~ 당연한 게임 아닌가? 하나님이 야곱을 확 집어 던져야한다~!! 그런데 25절은 이렇게 기록한다. '자기가 야곱을 이기지 못함을 보고!'

신이 인간을 이기지 못한다는 것이다. 하나님이 인간을 감당할 수 없다는 것이다. 이게 말이 되는가? 이게 상식적으로 말이 되는가? 그게 무슨 신인가?

아들과 아버지의 씨름

하루는 아들이 학교에서 축구를 했는데 졌다고 시무룩하게 집에 왔다. 너무 힘이 없어보여서 제가 아들에게 씨름을 하자고 했다. 아들은 아버지를 이겨보겠다고 별 치사한 방법을 다 사용한다. 바지를 벗기기도 하고! 똥침을 놓으려고도 하고! 제가 이기려는 순간! "아빠! 잠깐! 물 좀 먹고 올게~" 그런다. 그러고 다시 한참 실랑이를 벌이다가 아들이 나를 향해 전력으로 달려들 때 나는 쿵 부딪치면서 쓰러져줬다. 그리고 아빠를 이겼다고 환호하고 기뻐하는 아들의 모습을 본다. 나는 아들에게 비록 졌지만, 환하게 웃으며 두 손을 들고 기뻐하는 아들의 모습을 보면서 너무 행복했다.

하나님께서 야곱의 삶을 보며 얼마나 안타까우셨을까? 패배자처럼, 도망자처럼, 사기꾼처럼 살아가는 야곱의 모습을 볼 때! 하나님이 마음은 어떠셨을까? 늘 자신감 없이 뒤쪽에 앉아서 눈치를 보는 자녀를 보는 부모의 마음은 무너진다. 그를 위해서는 무엇이든 해주고 싶은 마음이 든다.

져주기 위한 하나님의 싸움

얍복강가의 씨름은 무엇을 의미하는가? 하나님께서 야곱에게 져주시기 위한 씨름을 시작하신 것이다. 신이 피조물에게 지는 말도 안 되는 경기를 하신 것이다. 창조주로서, 신으로서의 모든 자존심을 버리고 야곱과 져주는 게임을 하신 것이다.

왜? 그에게 승리를 경험하게 해주기 위함이다. 그에게 성취의 기쁨을 주시기 위함이다. 과거의 야곱처럼 피하고, 도망가고, 속이면서 살아가는 인생이 아니라, 패배의식에 물들어 있던 야곱이! 정정당당하게 맞대결하면서 살아가는! 승리를 경험하게 해주려는 하나님의 배려이신 것이다. 한 번도 진정한 승리를 해보지 못한 야곱을 향한 하나님의 사랑이며, 배려이며, 자기 버리심이었다.

압복은 '흐르다!' 라는 의미를 가지고 있다. 늘 자격이 없다고 생각하며, 피하고, 도망가며, 속이면서 살아온 야곱의 인생! 늘 막혀서 다른 길로 돌아갔던 인생! 야곱 인생가운데 막혔고, 꼬였던 것을 하나님께서 흐르게 하시는 회복의 자리다. 다시금 흘러넘치게 하시는 은혜의 자리이다.

하나님은 야곱에게 승리를 주신 후! 야곱의 이름을 바꿔주신다. 신이 인간에게 졌지만, 분노하는 것이 아니라, 그를 축복해주신다.

28 그가 이르되 네 이름을 다시는 야곱이라 부를 것이 아니요. 이스라엘이라 부를 것이니 이는 네가 하나님과 및 사람들과 겨루어 이겼음이니라

야곱은 압복강가에서 하나님과의 씨름에서 이김으로 '지난 과거의 모든 삶' 이 달라졌다. 하나님과 및 사람들과 겨루어 이겼다고! 그의 삶을 새롭게 인정해주신 것이다. 야곱의 압복강가의 승리를 통해서! 이제 속이는 자, 피하는 자, 도망 다니는

자가 아니라, 당당하게 맞싸워 이기는 자로 변화되었음을 하나님께서 선포해주신 것이다. 얍복강가의 승리와 성취를 통해서! 지난 시간의 눈물과 패배의식과 절망감과 열등감을 한 번에 날려주신 것이다.

하나님께서 여러분을 벼랑에 몰아넣으시고, 아무런 소망도 가능성도 없게 하는가? 내가 감당할 수 없는 상황가운데 들어가 있는가? 도저히 가능할 것 같지 않은 문제 앞에 서 있는가? 늘 열등감과 패배의식과 실패감에 빠져서, 포기하고 돌아서며, 멈칫거리고 있는가? 하나님 왜 이러시냐고 부르짖고 있는가?

사랑하는 청년들이여!

당당하게 도전해보자! 자신감 있게 달려가 보자! 눈앞에 있는 태산 같은! 나를 짓눌러 버릴 것 같은 문제 앞에서! 어려움 앞에서 도망가지 말자! 나의 모든 것을 쏟아 부어서 도전해보자! 달려가 보자! 5년 후, 10년 후를 기대해보자!

하나님께서 여러분에게 패배와 절망을 주시려는 것이 아니라, 승리를 경험하게 하시려는 것이다. 성취를 경험하시려는 것이다. 회복을 경험하게 하시려는 것이다~!!! 지난 시간의 모든 눈물을 닦아주시려는 하나님의 놀라운 기회이다.

우리가 누려야 할 기쁨이 바로 여기에 있는 것이다. 5년 후, 10년 후를 기대할 수 있는 것이 바로 이 때문이다.

- 현실을 통해 믿음을 확인하려 하지 말고, 믿음을 현실 속에서 확인하고 미래를 기대하라!
- 작은 승리 경험을 통해 자신감이 쌓여진다.
- 고난과 도전은 승리를 경험케 하시기 위한 하나님의 배려이다.

12 가능성을 선택하라

6 성령이 아시아에서 말씀을 전하지 못하게 하시거늘 그들이 브루기아와 갈라디아 땅으로 다녀가 7 무시아 앞에 이르러 비두니아로 가고자 애쓰되 예수의 영이 허락하지 아니하시는지라 8 무시아를 지나 드로아로 내려갔는데 9 밤에 환상이 바울에게 보이니 마게도냐 사람 하나가 서서 그에게 청하여 이르되 마게도냐로 건너와서 우리를 도우라 하거늘 10 바울이 그 환상을 보았을 때 우리가 곧 마게도냐로 떠나기를 힘쓰니 이는 하나님이 저 사람들에게 복음을 전하라고 우리를 부르신 줄로 인정함이러라 _사도행전 16:6-10

물에서 배우는 다섯 가지

중국의 사상가 왕양명은 '수오훈水五訓', 즉 물이 주는 다섯 가지 가르침을 통해 우리가 물에서 어떤 것을 배워야 하는가를 일깨워준다.

첫째, 항상 자기의 진로를 찾아 멈추는 일이 없다. 繼續精進

물은 항상 자기가 나아갈 길을 찾아 멈추는 일이 없다. 그 앞에 바위가 놓여 있든 높은 언덕이 가로막혀 있든 가다가 흐름을 멈추는 물줄기는 없다. 앞에 물길을 막고 있는 것의 틈새를 반드시 찾아내어 그 사이를 찾아 흐르거나, 안 되면 앞에 놓여 있는 것의 둘레를 에돌아서라도 아래로 흘러내려간다. 바다로 가는 물줄기, 강줄기의 그 수없는 곡선들은 어떻게든 자기의 길을 멈출 수 없던 물의 몸짓과 걸어온 흔적이기도 하다.

둘째, 스스로 움직여 다른 것을 움직인다. 自力他動

물은 스스로 움직여 다른 것을 움직인다. 물은 언제나 살아 움직인다. 생명체로서 살아 있고 움직여 흘러가면서 살아 있다. 그래서 그 속에 살아 있는 것들을 키우고 그 곁에 온갖 풀과 나무와 생명체들을 살아 움직이게 한다. 스스로 살아 움직여 다른 것을 살아 움직이게 하는 이 힘은 아무것도 아닌 것 같지만, 스스로 타올라 모든 것을 불에 태워 죽게 만드는 불의 속성과는 너무도 다르다.

셋째, 장애를 만나면 그 세력을 몇 배로 한다. 障碍突破

물은 장애를 만나면 그 세력을 몇 배로 한다. 그래서 물의 힘을 인위적으로 막으려 해서는 안 된다는 것이다. 물줄기를 막아놓은 둑이나 저수지 그리고 댐은 인간이 물을 다스리기 위해 지혜를 모아 쌓은 것들이다. 그러나 댐도 물의 수위가 높아지기 시작하면 아래로 물을 흘려보낸다. 물이 넘치도록 그냥 내버려두면 터져버리기 때문이다. 인간의 삶 또한 그렇다. 한 사람의 성냄이든 다수 민중의 원성의 폭발이든 막아두고 덮어두려고만 하면 고인 물처럼 터져버린다는 것이다.

넷째, 스스로 맑아지려 하고 다른 것의 더러움을 씻고 自靜他靜 부탁을 가리지 않고 받아들인다. 淸濁包容

물은 스스로 맑아지려 하고 다른 것의 더러움을 씻어준다. 또 맑고 더러움을 가리지 않고 받아들인다. 그래서 사람이 이런 물의 마음만큼만 될 수 있다면 득도의 경지에 들었다 할 수 있으리라. 저는 맑지 않으면서 다른 이의 더러움만을 손가락질하는 것이 아니라, 더러운 것까지 받아들여 맑게 만드는 힘을 물은 가지고 있다.

다섯째, 양양한 대해를 채우고, 비가 되고, 구름이 되고, 얼어서 영롱한 얼음이 되지만變化無雙, 그 성질은 변하지 않는다.
不變自存

물은 넓은 바다를 채우고, 때론 비가 되고 구름이 되고 얼음이 되기도 하지만, 그 성질은 바꾸지 않는다. 사람은 그 손에 채찍을 쥐어주거나 칼을 들려놓으면 성품이 달라진다. 그 머리 위에 황금 관을 씌워주면 걸음걸이와 목소리가 달라진다. 사람 자체가 완전히 달라진다. 비가 되든지 얼음이 되든지 본래의 자기 성질을 잃지 않는 물에서 우리 인간이 어떤 모습이어야 하는가를 배운다. 어디에 가서 어떤 모양을 하고 있든 자기의 평상심을 잃지 않는 것, 그것이 곧 깨달은 사람의 모습이라 하지 않는가.

물에게서 배우는 교훈을 한 가지 핵심으로 말하면 무엇일까? 바로 가능성을 찾아가는 것이다. 어떤 장애와 상황 앞에서도, 흐름의 가능성을 끊임없이 찾아가는 것이다. 그러기에 물이 더 많아지기를 기다리기도 하고, 흘러가는 방향을 끊임없이 찾아가기도 한다. 때로는 다른 모습으로 변하지만, 본질은 변하지 않는다. 바로 가능성을 향한 발걸음이 바로 물에게는 있다.

작은 클립 하나로 시작된 가능성

캐나다의 26세 청년 카일 맥도널드는 '이렇게 하면 어떨까?' 라는 질문에서 출발해 재미있는 상상 하나를 일생일대의 프로젝트로 만들어냈다. 일명 '물물교환 프로젝트'이다. 작고 사소한 물건 하나로 시작해 크고 값비싼 물건으로 만드는 것이다. 그는 작은 클립 하나로 이 흥미진진한 프로젝트를 시작했다. 계속되는 물물교환 속에서 무엇으로 어떻게 바뀌어 가는지 쫓아가보자.

첫 번째, 2005년 7월 14일 밴쿠버. 물고기 모양의 펜과 첫 교환
두 번째, 같은 날 미국 시애틀, 수제품 도어 손잡이와 교환
세 번째, 2005년 7월 25일 메사추세츠, 캠핑용 스토브와 교환

네 번째, 2005년 9월 24일 캘리포니아, 해병대원의 발전기와 교환

다섯 번째, 2005년 11월 16일, 즉석 파티 참석권과 교환

여섯 번째, 2005년 12월 8일, 한 코미디언의 스노모빌과 교환

일곱 번째, 2005년 12월 14일, 캐나다 브리티시 콜럼비아 주로 가는 2인용 여행권과 교환

여덟 번째, 2006년 1월 7일, 여행권을 큐브 밴(일명 박스트럭)과 교환

아홉 번째, 2006년 2월 22일, 토론에서 레코딩 계약과 교환

열 번째, 2006년 4월 11일, 피닉스 아파트의 1년 무료 임대권과 교환

열한 번째, 2006년 4월 26일, 록 가수 엘리스쿠퍼와 반나절 보낼 수 있는 권리로 교환

열두 번째, 2006년 6월 2일, 미국 유명 록밴드 KISS의 로고가 들어 있는 전농 스노 글로브와 교환

열세 번째, 스노 글로브를 Donna on Demand라는 영화에서 한 배역과 교환

열네 번째, 마지막 거래, 2006년 7월 5일, 캐나다 사스카치

완 주 키플링에 있는 2층짜리 저택과 교환.

놀랍지 않은가? 우리는 생각하지도, 시도해보지도 못한 것을 했다. 그와 우리의 차이는 무엇일까? 바로 가능성을 향한 도전이다. 우리는 미리 판단하고, 결정하고 포기한다. 내가 가진 상수만을 생각하며, 내 자신의 삶을 그 상수 안에 가둔다. 그러기에 가능한 이유보다는 불가능한 이유가 더 많은 것이다.

신앙은 가능성을 향한 기대이다

존 클래이풀은 《희망》이라는 책에서 크리스천과 가장 어울리지 않는 말이 '절망'이라고 했다. 우리가 절망하는 이유는 우리가 가진 가능성이 모두 사라졌기 때문이다. 내가 알고 있고, 기대하는 몇 가지 안 되는 가능성이 사라져 버린 것이다. 그런데 하나님을 믿는다는 것은 내가 알고 있는 가능성을 넘어선, 하나님의 수많은 가능성을 기대하며 의지하는 것이기도 하다.

현실은 하지 말아야 할 이유를 대지만, 믿음은 해야 할 이유를 댄다. 현실은 포기해야 할 이유를 대지만, 믿음은 성취해야 할 이유를 댄다. 현실은 핑계를 대지만, 믿음은 가능성을 찾는다.

하나님께서 얼마나 놀랍게 당신의 삶에 응답하셨는지 돌아보라. 내가 상상하지도, 기대하지도 못했던 방법으로 하나님은 응답하셨고, 역사하셨다. 바로 그 주님을 믿는 것이다. 그 주님을 믿는데 어찌 절망할 수 있겠는가? 어찌 포기할 수 있겠는가? 벼랑 끝에서도 포기하지 못하는 이유가 바로 그것이다. 신앙은 바로 하나님의 가능성을 향한 기대이기 때문이다.

그러기에 믿음이란 주어진 상황 속에서 가능성을 찾아가는 것이다. 하나님께서 나에게 절망과 죽음의 자리를 허락하신 것은 아니다. 그렇다면 내 앞에 불가능하고, 내가 넘어갈 수 없는 난공불락의 자리에서 어떻게 할 것인가? 끊임없이 가능성을 향한 발걸음을 찾아가는 것이다. 가능성의 자리를 향하여 도전하는 것이다.

실패 앞에서 어떻게 할 것인가?

바울과 디모데는 터키 지역에 복음을 전하려고 했다. 그런데 모든 길이 막혔다. 지금 바울 앞에 놓인 상황은 절망과 포기의 상황이다. 하나님의 뜻을 따라 감에도 불구하고, 사방이 막혀 있는 것이다.

6성령이 아시아에서 말씀을 전하지 못하게 하시거늘……
7……비두니아로 가고자 애쓰되 예수의 영이 허락하지 아니하시는지라

다르게 표현하면, 바울의 모든 가능성과 길이 막혔음을 말한다. 어떠한 이유였든 비두니아 땅으로 가지 못하는 상황이 된 것이다. 이 상황에서 우리는 절망한다. 낙심한다. 그리고 포기하려고 한다. 내가 가진 생각만이 전부이기에, 내가 준비한 계획만이 전부이기에, 끝이라고 말한다. 다시 말하면, 실패한 상황이다.

실패는 막으심이 아니라 인도하심이다

하나님을 믿는 우리에게 분명한 믿음의 고백이 필요한 것은, 바로 실패에 대한 관점이다. 실패는 내 인생을 막으신 것이 아니라, 인도하심임을 기억해야 한다. 상황을 통해서, 사건을 통해서 우리의 인생을 이끌어 가시는 것이다.

이스라엘 백성들이 가나안 땅을 향해 나아갈 때, 하나님은 구름기둥과 불기둥으로 인도하셨다. 그런데 생각해보면, 구름기둥은 광야 한가운데에서 뜨거운 햇살을 막아준다. 그래서 구름기둥이 이동하면 너무 덥기에 구름기둥을 따라 가야했다. 불기둥 역시 추운 광야 한복판에서 생존하려면 뜨거운 불기둥 옆에 있어야 한다. 불기둥이 이동하면 너무 춥기에 같이 따라가야했다. 분명히 주어진 상황과 사건으로 발생한 사건이다.

그런데 성경은 그것을 '인도하심'이라고 말한다. 그러기에 실패 앞에서 우리의 고민은 왜 막으셨는가가 아니라, 하나님께서 어디로 인도하시는지를 봐야한다. 실패한 그 자리에서 새롭게 인도하시는 가능성을 찾아가야 하는 것이다.

가능성을 향한 치열함을 포기하지마라

그 실패하고 절망스러운 상황 앞에서 바울과 디모데의 반응은 이렇다.

> 브루기아와 갈라디아 땅으로 다녀가 무시아 앞에 이르러 비두니아로 가고자 애쓰데 무시아를 지나 드로아로 내려갔는데… 그 환상을 보았을 때 우리가 곧 마케도냐로 떠나기를 힘쓰니!!! _16:6-8,10

바울과 디모데는 하나님의 뜻을 찾아가기 위해서, 터키 북부 지역 전체를 돌아다닌 것이다. 어디에 하나님의 뜻이 있는지를 포기하지 않고, 쉼 없이 찾아 헤맸다는 것이다. 그렇다! 막으신 그 자리에서 주저앉아 있던 것이 아니라, 끊임없이 자신들의 걸음 앞에서 하나님의 뜻을 찾아갔음을 보여준다. 그것을 통해서 이뤄진 것은 무엇인가? 빌립보! 바로 유럽에 복음이 전해지는 역사가 시작된 것이다.

유럽의 복음이 전해지는 것은 바로 바울과 디모데가 끊임없이 하나님의 뜻이 무엇인지 물으며, 가능성을 찾아가며, 반응하며, 움직였을 때, 보여준 '놀라운 축복의 결과'였다!

2,500명의 청소년 캠프를 진행할 때였다. 겨울철이었음에도 불구하고, 비가 많이 내려서 진행에 많은 어려움을 겪고 있었고, 하루를 마치면서 스텝 회의를 통해 내일 오전에는 우의가 필요하다는 결론이 내려졌다. 그런데 회의가 끝난 시간은 밤 11시 30분. 2,500개의 우의가 필요했다. 이것을 어디서 구해야 하는가? 스텝들은 인터넷으로 전화번호를 찾아 일일이 전화를 했다. 그런데 당연히 아무도 받지 않았다. 그러던 중 한 전도사님의 목소리가 들렸다. "여보세요! 여보세요! 지금 계세요? 저희가 우의가 필요해서요. 2,500개요! 있어요~? 저희가 지금 가겠습니다!" 전화를 끊고 바로 그곳으로 달려갔다.

나중에 알고 보니, 그 우의회사 사장님이 퇴근을 하셨는데, 사무실에 무엇인가를 두고 와서 잠시 들렀다고 한다. 그때 마침 전화가 와서 전화를 받았다는 것이다! 덕분에 그 다음날 새벽 숙소에는 2,500개의 우의가 깔렸고, 학생들은 우의를 입고 편하게 캠프를 진행할 수 있었다.

성공은 가능성에 초점을 맞추고, 실패는 합리화에 초점을 맞춘다. 어떤 것을 결정할 때, 하지 말아야하고, 할 수 없는 수많은 이유들이 있다. 그것에 주목하면 할 수 없다. 그러나 해야 할 이유, 가야 할 이유! 그것을 붙들고, 1%의 가능성에 도전할 때, 바로 거기에서 하나님은 그 길과 걸음을 인도하신다. 그리고 우리는 기대한다! 바로 우리가 알 수 없는 그 놀라운 하나님의 변수를!!!

나는 하나님이 자유의지를 주신 것을 너무 감사한다. 왜냐하면 그것으로 인해 어떠한 절망도, 포기도 없기 때문이다. 주위는 하지 말라고, 안 된다고 불가능하다고 말하며, 할 수도 없고, 해서는 안 된다고 말한다. 가능성 없다는 말이다. 그럼에도 불구하고, 내가 도전하고 갈 수 있는 이유가 무엇인지 아는가? 바로 내 자신이다. 하나님의 형상을 닮은, 성령의 능력을 받은 내 자신이다. 내가 자신이 결정하고 가면 된다. 누가 뭐라 해도 내가 결정하고 가면 된다. 바로 그것이 최고의 가능성이며, 지금 상황에서 나의 자신감이기 때문이다.

사랑하는 청년들이여!

하나님이 주신 마음 있다면 포기하지 마라. 실패해도 거기서 하나님의 인도하심을 바라보자. 그리고 당당하게 다시 도전하자! 1%라도 가능성이 있다면, 하나님의 변수로 인도하실 미래를 자신 있게 기대하자!

- 실패는 하나님의 막으심이 아니라 인도하심이다.
- 내가 가진 상수를 넘어, 하나님의 변수를 기대하는 것이 믿음이다.
- 하나님의 가능성을 향한 치열함과 도전을 포기하지마라.

에필로그

당신은 보석 같은 존재입니다

나는 사랑하는 청년들을 '보석'이라고 말한다. '보석 같은 존재'이며, '존귀한 존재'라고 축복해준다.

이유는 두 가지이다.

첫째, 보석이란 가치가 있다는 의미이다

보석은 가치가 있다는 의미이며, 누군가 보석의 가치에 대한 대가를 치렀다는 뜻이다. 아무리 귀한 보석이라도, 누군가 그만큼의 대가를 치루지 않는다면, 그것은 보석이 아니다. 단순한 돌덩어리에 불과하게 된다.

우리가 아직 연약할 때에 기약대로 그리스도께서 경건하지 않은 자를 위하여 죽으셨다. 의인을 위하여 죽는 자가 쉽지 않고, 선인을 위

하여 죽으심으로 하나님께서 우리에 대한 자기의 사랑을 확증하셨느니라 _롬 5:6-8

예수님께서 우리의 대가를 치루셨다. 얼마인가? 당신의 목숨을 버릴 만큼의 가치이다. 바로 그것이 우리의 가치이며, 내 자신감의 근거이다. 내가 얼마나 소중한 존재인지 기억하는 것! 내가 얼마만큼의 가치가 있는 존재인지 기억하는 것! 때로는 먼지 묻고, 더러워지고, 깨지고, 부서져있더라도, 나는 누군가의 생명과 바꿀 만큼의 가치가 있는 귀한 존재라는 것! 바로 그것이 자신감의 시작이다.

둘째, 보석으로 빚어져가기 때문이다

1캐럿의 다이아몬드 보석을 만드는 데는 2톤가량의 다듬어지지 않은 원석이 들어간다고 한다. 다이아몬드 원석은 반짝이지 않지만, 가공과 세공을 통해 반짝이면서 가치가 몇 배로 뛰게 되는 것이다. 중요한 것은 그 과정을 거쳐야 한다는 것이다.

그러나 내가 가는 길을 그가 아시나니 그가 나를 단련하신 후에는 내가 순금같이 되어 나오리라 _욥 23:10

욥이 고난가운데 했던 고백! 이 얼마나 멋진 표현이며 고백인가! 기억하라! 지금 그대들은 과정에 있다. 보석의 원래 모습은 원석이다. 원석은 그냥 돌이다. 하지만 원석이 다듬어지면 값어치 있는 보석이 된다. 보기에는 초라하고, 볼품없는 원석이라 할지라도, 그대들은 보석으로 만들어져 가고 있음을 기억하라.

고난 앞에서 우리의 고백이 무엇인가? 이것은 끝이 아니라, 보석처럼 아름답게 빛나게 될 우리를 기대하며 소망하는 믿음이다.

누가 그대들을 비웃는가? 누가 그대들을 초라하고 볼품없다고 말하는가? 마음껏 비웃으라고 하라! 훗날 보석을 보는 눈이 없었기에, 그들은 가슴을 치며 후회할 것이다! 잊지 말라! 그대들은 지금! 보석으로 만들어져가는 과정에 있음이다. 보석으로 만들어져 가고 있음에 대한 기대와 당당함이 필요하다. 바로 이것이 그대들이 자신감을 가져야 할 이유이다.

책을 마무리하면서 함께 했던 많은 분들이 떠올랐다. 소망교회 담임목사님과 많은 부목사님들, 그리고 부족한 종을 위한 기도하시는 장로님, 권사님, 집사님들... 그리고 청년들! 특히 부족한 목사와 함께 청년 사역의 기쁨을 누리게 해준 온누리교회, 그리고 소망교회 청년들! 그리고 한국교회의 청년들에 대한 하나님의 마음을 다시금 품어본다. 그리고 마지막으로 사랑하는 나의 가족! 고마움과 사랑을 전한다.

그리고 가슴에 손을 대고 마음의 기도를 한다.

하나님은 나를 사랑하십니다. 나는 그 사랑 안에 있습니다.
나는 보석 같은 존재입니다.
나는 존귀한 존재입니다. 그렇게 살아갈 것입니다.

2012. 9월 올림픽공원 한 카페에서
5년 후, 10년 후를 꿈꾸는 고형욱 목사